EL EGO CONTRAATACA: EL RETORNO DE LO REPRIMIDO

Y

CULPA: EL NÚCLEO DE *UN CURSO DE MILAGROS*

KENNETH WAPNICK

EL GRANO D MOSTAZA

Título: *El ego contraataca*
Subtítulo: *El retorno de lo reprimido*
Autor: Kenneth Wapnick

Título original: *The ego strikes back*

Publicado originalmente en 2024 por Foundation for A Course in Miracles

Primera edición en España, mayo de 2025

Traducción: Miguel Iribarren

Impreso en España
ISBN PAPEL: 978-84-129748-6-7
ISBN EBOOK: 978-84-129748-7-4
DL: B 5933-2025

El Grano de Mostaza Ediciones, S.L.
Carrer de Balmes 394, principal primera
08022 Barcelona, Spain
www.elgranodemostaza.com

EL EGO CONTRAATACA: EL RETORNO DE LO REPRIMIDO

Y

CULPA: EL NÚCLEO DE *UN CURSO DE MILAGROS*

KENNETH WAPNICK

ÍNDICE

El ego contraataca: el retorno de lo reprimido

INTRODUCCIÓN

Este taller va a necesitar cierta explicación, que probablemente durará la mayor parte de la mañana. Tiene por título: *El ego contraataca: el retorno de lo reprimido.* "El retorno de lo reprimido" son unos términos que usaba Freud. Si bien no eran términos que usaba repetidamente —no es algo que ocurra con tanta frecuencia—, es un concepto que comenzó a utilizar en *La interpretación de los sueños*, y continuó usándolo a lo largo de su obra. Se trata de un concepto extremadamente importante, y lo cierto es que *Un curso de milagros* se basa en él.

Permíteme hablar un poco de lo que estos términos significan y, a continuación, sobre cómo encajan en la forma en que el ego contraataca. Cuando decimos que "el ego contraataca", lo que hace realmente es contraatacar al Espíritu Santo o, más específicamente, al poder de la mente para elegir al Espíritu Santo. Y la principal herramienta que tiene para ello es la represión o la negación. El término "represión" no está presente en el Curso, pero "negación" sí. Si bien en el psicoanálisis la línea divisoria entre negación y represión es muy fina, nosotros vamos a usar los dos términos de manera intercambiable. Después de la represión viene la proyección. Y esta es la noción de Freud del retorno de lo reprimido.

Freud

Como he dicho muchas, muchas veces, sin Freud y sus comprensiones no tendríamos *Un curso de milagros*. Nuestro entendimiento del sistema de pensamiento del ego se basa en gran medida en las comprensiones de Freud, no siempre respaldadas por su teoría, porque Freud creía que todos los problemas se remontaban a alguna forma de sexualidad infantil. Ciertamente, esta no es la posición del Curso. Pero la descripción de cómo funciona la psique en respuesta a su problema central, que para él era la sexualidad infantil reprimida, concuerda totalmente con el núcleo de lo que el Curso nos dice sobre cómo funciona el ego.

Cuando lees a Freud, especialmente sus estudios de casos, pero también casi todo lo demás que escribió, tienes la sensación de que realmente es Sherlock Holmes disfrazado. Es un detective a la caza. ¿Cuál es la frase que solía repetir Holmes? Había una frase que usaba...: "El caso está en marcha", o algo así. Bien, Freud siempre estaba en marcha. Siempre estaba buscando al malo y lo encontraba, y cuando lo encontraba, no lo dejaba escapar. En cierta medida, su trabajo consistió en describir lo que era *el malo* y cómo lidiar con él.

El malo, para él, eran estos impulsos instintivos reprimidos, los pensamientos que consideramos totalmente inaceptables, a los que el Curso se refiere como "culpa", y describía, a continuación, cómo tratarlos. Y lo que le daba la pista con respecto a quién era el malo quedó expresado en su primer gran libro, que en realidad es el más importante: *La interpretación de los sueños*. A través del análisis de los sueños, él analizó todo lo demás. Poco después de publicar *La interpretación de los sueños* en 1899, le llegó el turno a su libro sobre los chistes y sobre lo que ahora denominamos lapsus freudianos. Empezó a analizarlo todo buscando las claves que le condujeran a encontrar al criminal. Y para mérito suyo, cuando lo encontraba, nunca lo dejaba escapar. Durante cuarenta años, todo su trabajo consistió básicamente en decirle al mundo: "tienes que mirar esto".

Muchos de vosotros me habéis oído citar la declaración que Jesús le hizo a Helen en las primeras semanas de estar anotando el Curso. Le habló de Freud y le dijo: “Freud distinguía una cosa mala cuando la percibía. Simplemente no sabía que las cosas malas no existen”. Ahí, en esas pocas palabras, está el mayor regalo que le dio Freud al mundo, y también su error. Él tenía muy claro cuál era aquella cosa mala, a la que el Curso se refiere como el ego. Pero no se dio cuenta de que el ego mismo es una ilusión y una defensa. Es una forma de contraatacar la capacidad que tiene la mente de elegir al Espíritu Santo. Sin embargo, sabía reconocer una cosa mala cuando la veía.

Freud escribió muy bien, y en sus obras hay un dominio del lenguaje que las hace muy convincentes. En realidad, toda su teoría y el trabajo de su vida se basaron en identificar al criminal, y seguidamente en cómo llevarlo ante la justicia. Este era el propósito del psicoanálisis. Consistía en hacer consciente el inconsciente: hacernos tomar conciencia de aquello que nos daba tanto miedo, y decirnos cómo lidiar con ello.

Él hablo de ese tipo malo al que nosotros llamamos culpa. Expuso que el problema era la sexualidad infantil y la culpa que sentimos en torno a ella. Pero el verdadero problema es lo que hicimos con la culpa a continuación. Lo que hicimos con ella fue reprimirla, creyendo en la mágica idea de que, si no veo algo, no está ahí. Es el mismo principio que el de esconder la cabeza en la arena, como el avestruz. Cuando hay un peligro, el avestruz mete la cabeza en la arena y, a continuación, cree mágicamente y de manera inadaptada: “Bueno, si no veo el problema, no está ahí y me siento segura”. Entretanto, el resto del cuerpo queda expuesto. Bien, todos utilizamos este mismo principio. Creemos, y esto es lo que la represión o la negación tratan de conseguir, que si no vemos el problema, no está ahí.

"El retorno de lo reprimido"

Una de las grandes declaraciones de Freud, que siempre se cita y es muy importante, es que lo reprimido sigue estando ahí: está vivo. Freud, cuando nombraba el inconsciente, hablaba de él como si fuera una cosa, como si estuviera vivo. Lo que reprimimos sigue estando ahí. Salvo que no permanece ahí; está siempre tratando de salir. Esto es el retorno de lo reprimido. Reprimimos aquello de lo que tanto nos avergonzamos y por lo que nos sentimos tan culpables, pero que consigue encontrar un camino de salida. Y lo que hace que el trabajo de Freud sea tan intrigante, e incluso tan apasionante de leer, es su forma de describir cómo se manifiesta el inconsciente.

Decía que el inconsciente siempre está tratando de salir al consciente. Cuando señalamos que algo está siendo reprimido, estamos diciendo que es inconsciente o que no somos conscientes de ello. Así, siempre hay algo dentro que está tratando de salir, pero no puede salir directamente. Y aquí es donde siempre se produce el gran conflicto en el trabajo de Freud. Es el conflicto inherente a este movimiento ascendente de lo reprimido tratando de salir. En otras palabras, lo reprimido está intentando romper la barrera que mantiene las cosas en el inconsciente, para que tomemos conciencia de él. Y también está esta contrafuerza, a la que él llamó "resistencia", que trata de empujarlo de vuelta hacia abajo. La contrafuerza es demasiado poderosa, de modo que lo inconsciente nunca puede salir en su forma cruda.

El Curso nos dice que el objetivo del ego es el asesinato. Si bien la mayoría de nosotros, la mayor parte del tiempo, no vamos por ahí asesinando a la gente, el pensamiento asesino sale, aunque de maneras indirectas. Este es un concepto freudiano clave. Esta culpa inconsciente siempre está intentando salir, pero no puede hacerlo de manera directa porque la resistencia es demasiado grande, por lo que tiene que encontrar otras vías más tortuosas para salir.

Cuando Freud publicó *La interpretación de los sueños,* en 1899 —en realidad la fecha de publicación fue 1900, y esto se debió a que el editor quería tener un número redondo, el comienzo del milenio—, a modo de epígrafe, puso una famosa cita en el encabezamiento del libro. Es de *La Eneida,* de Virgilio. Esta declaración dice: "Si no puedo doblegar a los poderes superiores, moveré las regiones infernales". Este se convirtió en el lema de todo el libro y, de hecho, se puede decir con seguridad que este es el lema de todo el trabajo de Freud. Lo que es inconsciente no puede salir; no puedo doblegar a los poderes superiores; la resistencia es demasiado fuerte. Pero trabajaré dentro de la mente misma —los poderes internos— y de algún modo conseguiré salir disfrazado.

Una vez más, y adelantándonos a los acontecimientos, en el Curso la forma disfrazada de este pensamiento inconsciente y asesino que todos tenemos son las relaciones especiales; y especialmente las relaciones de amor especial. Lo que Jesús hace en el Curso es lo que hizo Freud. Nos muestra meticulosamente que el amor especial no es lo que pensamos. Oculta este deseo de matar bajo un disfraz de amor, bondad, misericordia, simpatía, ayuda, caridad y religión; lo que tratan de ser las religiones del amor. Pero si rascas un poco por debajo de la superficie, y en el Curso Jesús nos da las herramientas para hacerlo —tal como hizo Freud a su manera—, empezamos a ver que lo que estamos contemplando es un pensamiento de asesinato levemente velado, aunque parezca ser amoroso, bondadoso, etc.

Bien, Freud hizo esto para nosotros: nos reveló que este pensamiento asesino interno trata de salir afuera. Uno de los pensamientos clave de la sexualidad infantil es lo que hemos denominado el “complejo de Edipo”, que sería el deseo de matar al propio padre, o al progenitor del mismo sexo. Generalmente, Freud hablaba de los hombres, pero está claro que la misma dinámica opera también en las mujeres: el deseo del hijo de matar al padre y casarse con la madre. A medida que su trabajo fue madurando a lo largo de los años, esto se convirtió casi en una memoria racial de la especie: la idea de que, en tiempos primitivos, los hijos se revelaban contra sus padres y los mataban, y poseían a la madre.

Freud habló de religión. De hecho, uno de sus último libros se tituló *Moisés y el monoteísmo*, un libro extraño pero muy poderoso. En él habla más del retorno de lo reprimido que en el resto de escritos en sus cuarenta años de trabajo. Y habla de ello no solo a nivel individual, sino también a nivel racial —racial en el sentido de toda la especie *homo sapiens*—: este antiguo recuerdo de matar al padre se metamorfoseó con el tiempo y se convirtió en la religión: en el judaísmo y, posteriormente, en el cristianismo. Es la idea de matar al padre, de matar al hijo, y después negarlo todo y decir que Dios es un padre amoroso, etc.

Exponer la “condición interna”

Pero la obra de Freud —y vemos exactamente la misma dinámica en el Curso— consiste en exponer la mentira de nuestra vida diaria. Él lo hizo mediante el análisis de sueños, los lapsus lingüísticos, los chistes, las obras de arte, las obras literarias, los síntomas neuróticos, mostrando, en cada uno de estos casos, cómo uno puede ver el retorno de lo reprimido. Este pensamiento asesino que fue reprimido encuentra, a través de rutas tortuosas, su camino hasta la mente consciente. Entonces trabajas hacia atrás desde estas expresiones externas para remontarte hasta el pensamiento criminal y asesino. Esto es lo que hace Jesús, aunque simplificando el proceso.

Aquellos de vosotros que estabais aquí ayer recordaréis que leí un pasaje del capítulo 15 en el que se dice que no es necesario seguir al miedo por todas sus "tortuosas rutas" (T-15.X.5:1). Bien, la expresión "tortuosas rutas" es de Freud. Salvo que para Freud era un término positivo, porque él era un detective perseguidor. Él usó todas las rutas tortuosas que la psique había usado, para invertir el proceso y encontrar al criminal.

En el Curso, Jesús dice que tú no tienes que hacer todo eso, porque el problema no es la culpa. El problema no es lo que ocurrió en tu pasado; ya sea el pasado de la especie o el de tu vida personal. El problema está en la decisión actual de tu mente de elegir la culpa. Ahora bien, es irrelevante cómo se manifiesta dicha culpa en tus relaciones especiales. No tienes que analizar todo eso porque Jesús nos dice: "Ya te estoy indicando quién es el criminal". El criminal es el tomador de decisiones en tu mente, que eligió al ego. Lo único que tienes que hacer es recordar que, cuando estés disgustado con respecto a cualquier cosa, cuando estés involucrado en una relación especial —amor especial u odio especial— ve directamente a la fuente, cambia de mentalidad y eso es todo.

La solución de Jesús en el Curso es muy distinta de la de Freud. Pero el concepto básico es el mismo. Lo reprimido retorna, lo que significa que la culpa que habíamos hecho real y de la que por un momento nos hicimos conscientes, y que a continuación reprimimos, esa culpa retorna. Lo que fue reprimido, ahora retorna a la conciencia, pero ya no somos conscientes de ello, y creemos que se trata de otra cosa.

En los tiempos de Freud, la mayoría de la gente tendía a pensar en los sueños como algo tonto. "Has tenido ese sueño por algo que comiste, por algo que viste ayer...", pero no se les atribuía verdadero significado. Y él mostró, tal como algunas personas obviamente habían comprendido a lo largo de los siglos, que los sueños están preñados de significado. Pero Freud usó los sueños para mostrar que el lenguaje onírico revela una forma disfrazada del problema. Lo que parecía ser un inocente lapsus de la lengua o del bolígrafo, en realidad está disfrazando el pensamiento inconsciente. En las grandes obras de arte y en las grandes obras literarias —cuando se analizan, como hizo Freud— encontramos formas disfrazadas, símbolos que apuntan a esta culpa inconsciente.

A su manera, Jesús nos dice lo mismo en el Curso. Si quieres comprender la elección errada de tu mente a favor del ego, presta atención a todos los símbolos de tu vida diaria. Ellos te mostrarán que el mundo que ves es "la imagen externa de una condición interna" (T-21.in.1:5). Esta línea viene al comienzo del capítulo 21. El mundo que ves es *la imagen externa de una condición interna*.

De modo que necesitamos el mundo externo, y todos sus símbolos, para presentárselos a nuestro nuevo profesor, o a nuestro nuevo analista, por así decirlo, que nos mostrará que a lo que estoy reaccionando fuera y haciendo real fuera es la imagen externa de la condición interna por la que mi mente ha elegido al ego. Este es el criminal. No tengo que pasar por interminables estudios. No tengo que seguir todas las tortuosas rutas que el miedo ha seguido para llegar al malo. Esto te ahorra años y años de análisis, un montón de dinero, los tira y afloja con la compañía de seguros, etc. No tienes que hacer nada de eso. Solo tienes que reconocer: nunca estoy disgustado por la razón que creo. Es muy simple.

Relaciones especiales: las cosas no son lo que parecen

Según nos dice el Curso, el objetivo del ego es el asesinato. Lo que el ego quiere es asesinar, porque eso es el ego. El ego es un pensamiento asesino: existo por haber asesinado a Dios, crucificado a Su Hijo, destruido el Cielo y manchado la pureza del Amor de Dios. He hecho esto; soy un asesino. Entonces, lo que quiero hacer como ego... —igual que Dios, siendo Amor, solo puede amar— el ego, siendo un asesino, solo puede asesinar. ¿Qué queda sino asesinar? Pero matar a todos es inviable, de modo que tiene que hacerlo por otros medios. Si no puedo doblegar los poderes superiores y limitarme simplemente a matar, moveré las regiones infernales, trabajaré dentro de la psique, encubriré mi pensamiento asesino bajo formas socialmente aceptables.

Las partes más poderosas del Curso son esas que describen el horror, la fealdad y asesinato de nuestras relaciones de amor especial. El objetivo del especialismo es tomar a tu hermano y enviarlo al precipicio (T-24.V.4:2). El *modus operandi* del especialismo es arrancar la carne del hueso. Estos no son pensamientos amables. Lo que pasa por amor en este mundo en realidad es canibalismo. El término freudiano es “introyección”: tomas algo que está afuera y lo introyectas. Esto es lo opuesto de la proyección, siendo la proyección tomar la culpa que está dentro de tu mente, enviarla hacia fuera, y verla en otra gente.

La introyección se da cuando ves a alguien que tiene lo que tú quieres —ese algo especial que te completará— y lo llevas dentro de ti. Ampliando el uso del término canibalismo, podemos decir que se trata de canibalismo. Tienes una fuerza, tienes un amor, tienes un poder que a mí me falta, de modo que te mataré y me comeré tu carne. En nuestro mundo, en lo que llamamos "vida civilizada", tendemos a no hacer eso. Pero, a nivel psicológico, lo hacemos todo el tiempo. En esto consiste el amor especial.

La sección V del capítulo 16, "La decisión de alcanzar la compleción", que de nuevo es fuertemente psicoanalítica, habla de esto. Tú matas a la otra persona, matas a ese yo, y sobre ese yo eriges tu nuevo yo (T-16.V.11:5). Eso es introyección. Eso es canibalismo. Eso es amor especial. Eso es asesinato. Pero no lo parece. Las cosas no son lo que parecen.

Muchos de vosotros me habéis oído citar la famosa línea de Freud. Es una pequeña historia maravillosa: un día iba caminando por Viena con Anna, una de sus hijas, por un barrio muy pudiente. Freud le señaló a Anna, que creo que en aquel momento tenía tal vez doce, trece o catorce años, una de las casas y le dijo:

—¿Ves todas esas casas? Las cosas no son tan hermosas detrás de la fachada.

Y no estaba hablando de las casas. *Las cosas no son tan hermosas detrás de la fachada.*

Lo que hizo Freud, y es una técnica que está presente por doquier en el Curso, es exponer el lado oscuro. Levantó el velo. Abrió la fachada y dijo: "Mira, mira lo que hay ahí; no es hermoso". A él le preocupaba que no miráramos y viéramos lo que hay dentro, porque las consecuencias podrían ser desastrosas. Él vivió la Primera Guerra Mundial y se sintió desolado, como casi todos los que vivieron en ese tiempo, por el absoluto horror de esa guerra. Porque entonces la gente se mataba cara a cara. No se tiraban bombas, lo cual ya es suficientemente malo.

Pero en la Primera Guerra Mundial eso no existía. Se derramó mucha sangre: murieron cuarenta millones de personas. Fue absolutamente horroroso. Y eso, para él, fue una experiencia devastadora de lo que ocurre cuando la gente no presta atención. Debido a la noción del retorno de lo reprimido, lo que reprimes es proyectado.

El Curso no explica detenidamente las diversas formas que asume la proyección. Esto lo hizo Freud. Básicamente, en el Curso, Jesús las junta todas. Todo es proyección. Estas son las diversas formas en que el material reprimido, que en el Curso es la culpa, encuentra el modo de salir al aire libre, convirtiéndolo en aire pútrido. Así es como está el aire estos días debido a los fuegos, que pueden olerse. Pero lo que en realidad estamos oliendo es la culpa. Y la olemos todo el tiempo, solo que no pensamos que sea culpa. Pensamos que es amor, pensamos que es paz, pensamos que es bondad, pensamos que es misericordia, pensamos que es caridad. Y es odio.

En el *Manual para el maestro* hay un pasaje horrible en el que Jesús, al hablar de la curación, dice que no parece que preocuparse por los síntomas de alguien sea odio, pero lo es (M-7.4:4). Porque estás ocultando lo que crees que es la realidad del sistema de pensamiento del ego viéndolo ahora en alguien que está enfermo. Y si das realidad al sistema de pensamiento del ego, estás dando realidad a la culpa, y la culpa procede de la creencia de que soy un asesino. De modo que estás dando realidad al asesinato. Pero lo disfrazas.

Lo que ha sido reprimido siempre será proyectado, siempre encontrará su camino de salida. A lo largo de su trabajo, Freud siempre hablaba sobre este empuje ascendente; este impulso ascendente del inconsciente para encontrar su camino hasta la conciencia. Y como no puede hacerlo de manera directa, lo hace por medios indirectos. En esto consisten las relaciones especiales.

Freud entendió las relaciones especiales muy bien. De hecho, en cierto momento habló de sí mismo y dijo que se daba cuenta de lo importante que era para él tener siempre a alguien a quien odiar. Esto es lo que dijo de sí mismo. Y en realidad esto vino del análisis de uno de sus propios sueños. Obviamente, se dio cuenta de lo importante que eso era, dado que a los cuarenta años escribió *La interpretación de los sueños*. Se dio cuenta de que necesitaba tener siempre a alguien a quien odiar. En un pasaje de ese libro hizo una descripción precisa del amor especial y del odio especial: amamos a algunas personas y odiamos a otras. Estas son las formas en las que lo reprimido vuelve a entrar dentro. Pero está disfrazado, tal como el significado de la mayoría de los sueños está disfrazado. El significado de la mayoría de las cosas que decimos y hacemos está disfrazado.

De modo que necesitamos un maestro que pueda reinterpretar los símbolos para nosotros y que nos diga: "estos símbolos no son lo que tú crees". "Lo que no es amor es asesinato" (T-23.IV.1:10). Y el amor no es posible en este mundo, lo que significa que aquí todo es asesinato. Pero no parece ser así. Si todo es asesinato, ¿por qué no corre la sangre por las calles? Bueno, lo hace si miras con otros ojos. Aquí todo es asesinato.

Hay una mente correcta, pero llegaremos a eso más adelante, porque la mente correcta no es el problema. La mente correcta es la corrección de la mente errada. Pero en primer lugar tenemos que tener muy claro qué es la mente errada.

Nuestros ojos no ven esta habitación empapada de sangre. Vemos la sangre en los campos de batalla. La vemos en las noticias que nos muestran la devastación de la guerra, aunque no la vemos en nuestras oficinas, no la vemos en nuestros hogares, no la vemos en nuestras escuelas. Pero está allí.

Lo que Jesús hace en el Curso es exactamente lo que Freud hizo en su trabajo. Levanta el velo para que podamos ver el odio y el asesinato subyacentes. Si no los ves, nunca llegarás a entender lo que Freud tampoco entendió: que las cosas malas no existen y que la sangre, en realidad, es mermelada de fresa. Pero no sabremos que es mermelada de fresa hasta que miremos al hecho de que creemos que es sangre. Y como no queremos ver la sangre, la proyectamos fuera de formas ocultas.

Nuestro "propio deseo de asesinar"

Este es el significado de esa línea que viene cerca del final del texto: "Y lo que ves en cualquier clase de sufrimiento que padezcas es tu propio deseo oculto de matar" (T-31.V.15:10). Bien, todo el mundo sufre. Cuando naces, sufres, y el sufrimiento nunca se detiene. Siempre sentimos dolor. Siempre estamos sufriendo: dolor emocional, dolor físico. Si no comemos, después de un rato sentimos dolor. De modo que siempre tenemos que comer, siempre tenemos que respirar, siempre tenemos que beber. Siempre estamos sufriendo. Siempre estamos sintiendo dolor. Bien, *lo que ves en cualquier clase de sufrimiento que padezcas es tu propio deseo oculto de matar*. Esto puede extraerse directamente de las enseñanzas de Freud.

Lo que Jesús quiere que veamos es lo presente que está el asesinato en nuestro mundo. Solo entonces podrás saber que es una ilusión. No podrás reconocerlo como una ilusión hasta que te des cuenta de que lo has hecho real: tan horriblemente real que has hecho voto, ante el ego, de no mirarlo nunca. De modo que hace falta mirarlo.

El único valor de leer a Freud —y no estoy diciendo que haya que leer a Freud—, está en darse cuenta de qué es el inconsciente, y, a continuación, pensar qué hacer con él. "Nada es tan cegador como la percepción de la forma": *la forma miente*. Los ojos de nuestro cuerpo fueron hechos para mentir, porque nos dicen que ahí fuera hay un mundo. Pero se trata de un mundo que nosotros queremos ver. Y el mundo que queremos ver es un mundo de inconsciencia, para ocultar el hecho de que tenemos una mente, para ocultar el hecho de que la mente es "la morada del mal, de las tinieblas y el pecado", como dice el *Libro de ejercicios* (L-p.I.93.1.1). Es en la mente donde está el pensamiento horrible: "Un padre iracundo persigue a su hijo culpable. Mata o te matarán" (M-17.7:10-11): asesinato.

El ego hace que ese sistema de pensamiento sea real y, a continuación, dice que no puede ser expuesto a la luz del día. Librémonos de él a través de la proyección. Y así lo reprimido regresará, pero disfrazado, y nunca sabrás que está ahí. Todo está montado de tal manera que nunca volvemos a la mente, donde podríamos mirar este sistema de pensamiento del ego, de sangre y muerte, y darnos cuenta de que todo es un montaje: allí no hay nada, y esto nos permite elegir de nuevo.

El ego contraataca hace referencia a la defensa del ego contra el poder de la mente para elegir; específicamente, para elegir contra él. Elegir a favor del Espíritu Santo es elegir en contra del ego. Si elegimos en contra del ego, puesto que el ego solo es nuestra creencia en él, una vez que retiramos nuestra creencia en él y elegimos en su contra, desaparece. Así que monta toda su historia y dice que somos culpables de asesinato.

Aquí es donde entró Freud. Él no vio lo que precedió a esto. Él solo vio la culpabilidad por el asesinato. Eso sí lo vio. Y su teoría abarca lo que ocurrió después de eso: las maquinaciones del inconsciente para, de algún modo, hacer que la culpa siga siendo real, para mantener la realidad del pensamiento asesino, pero que parezca estar fuera [de nosotros]. Nos salimos con la nuestra porque lo disfrazamos, y después fabricamos un cuerpo que solo ve el disfraz, no el contenido que el disfraz oculta.

En "Los dos mundos", Sección IX del Capítulo 18, Jesús habla muy específicamente de cómo la culpa en la mente fabrica el mundo y el cuerpo. Fabrica el mundo y el cuerpo de tal modo que el cuerpo nunca puede ver la culpa. Sin embargo, la culpa está siempre ahí, dando instrucciones al cuerpo para hacer esto, lo otro y lo de más allá. Y el cuerpo sigue las directrices de la culpa en la mente, pero sin saber que hay una mente: no se da cuenta de quién dicta las directrices que está siguiendo.

Así, la culpa se manifiesta bajo todo tipo de disfraces. El cuerpo fue fabricado —los ojos, los oídos, el aparato sensorial y el cerebro que lo interpreta— para mirar a las formas disfrazadas y pensar que esas formas son la realidad. Muy listo. Entre tanto, el culpable, el criminal —la decisión de la mente a favor de la culpa— pasa desapercibido. Por lo tanto, no se lo captura. Así, esa culpa deambula libremente por el submundo, dictando siempre lo que el cuerpo y los cuerpos del mundo harán, sentirán, dirán, pensarán, pero nadie sabe de dónde viene [ese condicionamiento], porque es inconsciente.

Hacer consciente el inconsciente: el camino real

Cuando Freud dijo que el objetivo del psicoanálisis es hacer consciente el inconsciente, esas palabras encuentran un eco en el Curso, aunque no literalmente. Lo que es inconsciente es la mente. Así que el objetivo del Curso es hacer consciente la mente inconsciente, de modo que podamos volver a elegir. Ahora bien, la manera que Freud tenía de exponer al *malo* era mirar; esto es lo que hace el psicoanálisis. Proporciona un lugar donde la persona puede venir y mirar objetivamente lo que está pasando. Así que el analista mira sin juicio, y cuando Freud escribe sobre esta parte de la teoría —lo que hace el análisis—, de eso mismo es de lo que habla Jesús. De ahí es de donde Freud lo obtuvo, porque es la misma mente la que lo concibió. Miras al ego sin juicio. Y cuando lo miras sin juicio, desaparece.

La diferencia es que, para Freud, a lo que miras es a los contenidos de la mente inconsciente. Lo que Jesús quiere que hagamos no es mirar los contenidos, ni mirar a lo que está dando vueltas en la mente inconsciente, sino darnos cuenta de que hay una mente que eligió el ego. Esto es todo lo que tienes que saber. Esto es lo que debes mirar. Todo el proceso se simplifica. La curación ocurre al instante, no a lo largo de veinte años. Pero el proceso es el mismo. Miras al inconsciente sin juicio. Pero, como no sabes de la existencia del inconsciente, primero tienes que mirar a las formas a través de las cuales se está expresando el inconsciente, al retorno de lo reprimido.

Ahora bien, para el ego, el retorno de lo reprimido es la salvación. Asumo esta culpa por ser un asesino —por haber matado a Dios y destruido el Cielo— y la proyecto afuera y la veo en ti. Así creo que estoy fuera de peligro. Y el deseo de matar que veo en ti no es mío. O las ganas de asesinar que están en mí, y a las que llamo amor especial, también son algo que no reconozco.

Necesitamos un nuevo analista que nos diga: déjame que te ayude a mirar esto. Juntos disponemos de la lámpara que desvanecerá al ego cuando lo miremos (T-11.V.1:3). Bien, todavía no podemos mirar a la mente porque no sabemos que tenemos una mente. El Curso comienza donde creemos estar, que es en el cuerpo. Y por tanto, Jesús dice: miremos la relación especial. Y déjame que te muestre en qué consiste realmente. "Lo que no es amor es asesinato" (T-23.IV.1:10). Lo que expresa la separación, la diferenciación y la fragmentación de la Filiación apesta al pútrido olor de la muerte. Déjame que te muestre cómo es esto.

Tomemos la famosa declaración del Freud en *La interpretación de los sueños,* aunque apareció en una edición posterior: la interpretación de los sueños es el "camino real para entender las actividades de la mente inconsciente". Este concepto es el núcleo mismo del perdón en *Un curso de milagros. La interpretación de los sueños es el camino real para entender las actividades de la mente inconsciente.* Para Freud esto significaba que no había manera de acceder a aquello de lo que no somos conscientes: el crimen de la sexualidad infantil, nacido de la culpa por matar. Pero cuando entendemos el significado de los sueños, que él posteriormente generalizó a todas las cosas de nuestro mundo, se nos revela la actividad inconsciente de la mente.

Traduciendo esto a los términos de *Un curso de milagros,* cuando entiendes el simbolismo de tu relación especial, dicho simbolismo se convierte en el camino real para ayudarte a entender la actividad tomadora de decisiones de tu mente, la cual, hasta ese momento, era inconsciente. Es exactamente el mismo concepto. Ciertamente no se nos pide que neguemos nuestras experiencias en este mundo, aunque se nos dice que todas ellas son ilusorias, porque son el camino real. Este es el camino por el que regresamos a la mente.

Número uno, yo no sé que tengo una mente. No sé que tengo una mente tomadora de decisiones, y no sé que hay un ego en mi mente, por no hablar del Espíritu Santo. Pero observo mi comportamiento. Observo qué reacciones tengo. Cuando tengo una reacción hacia algo de este mundo que hace que el mundo sea real, poderoso y significativo, ahora se me enseña que eso se ha producido porque mi mente inconsciente ha elegido a mi ego. Cada vez que tengo un pensamiento de dependencia, un pensamiento de enfado, un pensamiento de usar a otras personas, de seducirlas, manipularlas, controlarlas para satisfacer mis necesidades, estoy expresando la actividad inconsciente de mi mente, estoy eligiendo al ego.

Por otra parte, cuando puedo mirar a alguien sin juicio, cuando puedo mirar un suceso del mundo y no juzgar a la víctima o al victimario, y darme cuenta de que todas las personas son iguales, eso debe significar que la actividad inconsciente de mi mente ha sido elegir al Espíritu Santo. No hay modo de llegar ahí directamente, ciertamente no al comienzo. No hay modo de llegar ahí directamente porque no tenemos acceso a la mente. Esto es lo que en el Capítulo 14 se llama *el aprendizaje indirecto* o *la enseñanza indirecta* del Espíritu Santo. Él no puede enseñarnos directamente porque tenemos demasiado miedo, de modo que lo hace indirectamente. Emplea los símbolos que hemos fabricado para ocultar la culpa como el camino real para abrir el armario y poder mirarla.

Ahora lo reprimido retorna a nuestra conciencia oculto bajo un disfraz. Y ahora podemos volvernos hacia lo reprimido y decir: "Lo que reprimí no era nada". ¿Qué pasaría si mirarás en tu interior, dice el Curso, y no vieras ningún pecado? (T-21.IV.3:1). Este es el temor del ego. Pero no puedo mirar dentro si no sé que tengo un *dentro.* Así que necesito un profesor que me diga que lo que estoy viendo fuera, a lo que estoy reaccionando fuera, a lo que estoy dando el poder de afectarme estando fuera de mí, es una proyección del poder de elegir que tiene mi mente. Pero no tengo acceso a esto a menos que mire mi mundo de otra manera.

Lo que hace que los escritos de Freud sean tan interesantes y brillantes es el modo en que nos ayudó a entender cómo funciona todo este patrón, cómo funciona toda esta dinámica de disfrazar lo que creemos que está dentro. El término que usa el Curso para el producto final de todo este proceso de disfrazar, que en realidad acaba siendo de proyección, es la *relación especial.* Por eso hay tanto en el Curso sobre relaciones especiales y especialismo —el deseo de ser especial—, porque las cosas no son lo que parecen.

Aquí las personas no son amables. Las personas amables se quedan en Casa. No se aventuran al país lejano de una mente asesina, y a un mundo que es "la morada del mal, de las tinieblas y del pecado" (L-pI.93.1:1). "Un mundo árido y polvoriento", dice el *Libro de ejercicios*, "al cual criaturas hambrientas y sedientas vienen a morir" (L-pII.13.5:1). La gente amable no viene aquí, se queda en Casa con Dios. Lo que Jesús nos está diciendo es: "¡No te dejes engañar! ¡No te creas la mentira!" El mundo es una mentira porque viene de una mentira. La creencia de que estamos separados es una mentira. La creencia de que asesinamos a Dios y crucificamos a Cristo es una mentira.

Lo que Freud enseñó es que lo reprimido permanece en el inconsciente. Es como que está vivo. Es como una fuerza energética que solo quiere liberarse. Pero no puede abrirse paso directamente a través de la resistencia; de modo que hace una carrera final. Pero tenemos que entender de dónde ha venido el mundo. Queda claro, a medida que leemos el Curso, que resulta relativamente fácil identificar nuestras relaciones de odio especial. Es mucho más difícil identificar las relaciones de amor especial, porque son mucho más sutiles. No te creas las apariencias.

Pregunta: La definición de oposición incluye la lucha y el cambio. Freud no es un opositor, ¿o sí? Y si no lo es, ¿es esta la razón por la que el mundo sigue golpeándolo, tal como sigue golpeando al Curso? No había entendido esto antes.

Ken: Bueno, en cierto sentido, él se opone al ego, a lo que llamamos el ego.

Pregunta: ¿No se opone Jesús al ego?

Ken: Sí, solo que Jesús sabe que el ego no es real. Para Freud, lo que nosotros llamamos el ego, lo que él llamó el inconsciente, era muy real. Ahora bien, en cierto sentido, lo que estás diciendo es verdad. Toda la idea del psicoanálisis es no oponerse; es comprender y no juzgar. Una de las críticas que se suelen hacer a Freud, que yo creo que es precisa y no creo que sea mala, es que no tenía una teoría para las personas normales. Porque, para él, todo el mundo estaba jodido; y tenía razón.

Pero no tenía una teoría para las personas normales porque la persona normal no existía: todo el mundo estaba lidiando con estas fuerzas inconscientes que eran algo dado, y de algún modo tenían que apañárselas y arreglárselas con ellas. En cierto sentido, todo era un compromiso. Él decía que la neurosis es un compromiso. Los sueños son un compromiso. Los lapsus son un compromiso. Eran un modo de dejar salir el crimen, pero disfrazado. Ese es el compromiso. Es lo mismo que dice Jesús en un pasaje: el ego solo quiere matar. Eso es lo único que quiere hacer. Pero no puede hacerlo, de modo que tiene que hacerlo de manera indirecta. En este sentido, Freud no se oponía, aunque veía al ego como real. Lo veía como el enemigo. Jesús describe al mismo enemigo, pero nos dice que no es real.

Pregunta: Entonces, ¿es Freud diferente de Gandhi, excepto en cuanto a los normales?

Ken: Bien, tu punto es que Gandhi hizo real al enemigo, y ciertamente hizo reales a los británicos, y él tuvo una "manera mejor" de derrotar a los británicos. En ese sentido, él sería diferente de Freud, porque Freud vio al enemigo como algo interno. No vio al enemigo fuera. Él tenía sus propias ideas y sentimientos políticos, pero sin duda vio al enemigo como algo interno. Y básicamente —no sé si Freud llegó a expresarlo de esta manera, aunque creo que lo hubiera hecho si se le hubiera preguntado—, el mundo nunca tendrá paz a menos que los individuos lidien con lo que está dentro de ellos, porque ese es el problema.

En otras ocasiones he mencionado sus críticas al marxismo, aunque en realidad no se oponía al marxismo como tal. No era marxista, pero tampoco se oponía. Sin embargo, aunque simpatizaba con su ideal de la igualdad económica, dijo que el marxismo fracasaría como ideal, como utopía, porque —decía— los marxistas no entienden el odio subyacente que hay en la gente.

Freud decía que hasta que no se deshaga el odio en el individuo, cualquier cosa que se proponga hacer en el mundo no funcionará, porque no se puede operar "de fuera hacia dentro". No puedes cambiar lo de fuera y esperar que eso afecte a lo de dentro. Tienes que cambiar el interior, porque esa es la fuente del problema. En ese sentido, él era diferente. No albergaba ilusiones sobre lo que sucedía en el mundo. Estaba muy interesado en la política y en lo que ocurría, pero no veía mucha esperanza. En realidad Freud era un optimista, porque sentía que a largo plazo el mundo adoptaría el psicoanálisis y se sanarían las mentes. Pero "largo plazo" significa un plazo demasiado largo. Realmente no esperaba que la paz llegara durante su vida, ni siquiera durante la vida de sus nietos.

Preguntas

Mirar las necesidades y la compulsión

Pregunta: De modo que uno podría mirar a su "compulsión" o necesidad. Yo la siento más como una compulsión, como, por ejemplo, la necesidad de belleza, de ser bello o bella, de tener entornos bellos, de tener un bello día, etc. La energía que ponemos en eso es una formación reactiva, ¿cierto?

Ken: Bien, escúchate. Sí, es correcto.

Pregunta: Tú me das un doctorado en psicología. Es una formación reactiva a la fealdad que veo dentro [de mí]. Podemos examinar delicadamente cómo nos hemos montado la vida y qué es importante para nosotros. Porque, si miras un poco, es obvio que podría haber una apertura amable a no sentirse abrumado por el autoodio. ¿Es este nuestro trabajo?

Ken: Sí. Lo que dices es verdad. Solo voy a ampliarlo. El mundo entero es una formación reactiva. La formación reactiva, que también es un término freudiano, ocurre cuando actúas de un modo que es opuesto a lo que inconscientemente sientes y crees. Puesto que todos creemos inconscientemente en el pecado, la culpa y el asesinato, nuestras vidas tienden a no reflejar eso de ninguna manera directa en absoluto. En cambio, pensamos que nuestras vidas tienen que ver con la belleza, o con prestar ayuda y tener éxito, y con esto y aquello. Amamos a nuestros hijos, y amamos a nuestra familia y amamos esto, y tratamos de hacer aquello, y todo lo demás. Eso es una formación reactiva en contra de las ganas de asesinar que tenemos dentro.

Lo que quieres hacer, como indicabas, es mirar todo esto con amabilidad y decir: "Sí, esto es lo que hay". La clave de todo esto es la idea de mirar sin juicio, tal como en la práctica del psicoanálisis. La clave para la práctica de *Un curso de milagros* es que miras sin juicio a tu ego y al ego de todo el mundo, porque cuando miras con juicio, *todo se congela*. Se vuelve sólido y no puedes deshacerlo. Es la amable calidez de mirar sin juicio lo que funde y disuelve el ego.

Pregunta: Hay otra parte de eso y es que, si permaneces con esa compulsión, en realidad nunca puedes alcanzar la belleza.

Quiero decir que [algo] nunca es lo suficientemente bello. Por eso nos odiamos a nosotros mismos cuando nos miramos en el espejo.

Ken: Eso se debe a que la culpa está viva y disfruta de buena salud en el inconsciente. Siempre estamos generando la necesidad de defendernos de ella. De modo que sí, esto funciona hoy para mí, pero mañana me despierto y la culpa sigue ahí. Yo no sé que está ahí, pero sigue estando ahí. Todavía está generando más y más necesidad de defensa.

Por eso el Curso dice en la sección llamada "El anti-Cristo", al final del Capítulo 29, que el ego siempre quiere más (T-29. VIII.8:7-9). Y no importa más de qué. Podría ser más desdicha, pero siempre necesita más, porque tienes que alimentar al ego. Piensa en la culpa como en una bestia voraz y muerta de hambre que está dentro de ti, como los perros del miedo de los se habla en "Los obstáculos a la paz" (T-19.IV.A.15:6). Y siempre estás alimentando esta bestia voraz.

Es como cuando tienes un animal doméstico, que no puedes alimentar al perro o al gato solo una vez al mes..., no si sigues queriendo que tu casa esté intacta. Lo mismo es aplicable a la bestia voraz que llevamos dentro. Eso es la culpa. Es una bestia voraz a la que siempre hay que alimentar. De modo que la alimento hoy: tú me amas hoy, hoy hay belleza a mi alrededor y todo es maravilloso. Pero me despierto mañana y vuelvo a estar vacío. Y no sabemos de dónde viene el hambre. Pensamos que el hambre viene de una necesidad física que puede ser satisfecha. O también podemos pensar que viene de una necesidad psicológica que no siempre puede ser satisfecha.

Pero pensamos que hay una necesidad, ya sea física o psicológica. Pensamos que es del cuerpo. *Pero no lo es*. Es esta culpa que siempre tiene que ser proyectada afuera. Y ella siempre necesita volver, pero disfrazada, de modo que siempre está allí fuera diciendo: "Más, más, más; aliméntame más. Necesito más odio, necesito más amor especial. Necesito más. Necesito más. Necesito más amigos, necesito más dinero, más coches, más comida, más de esto, más de aquello. Necesito más salud. Necesito más años". Siempre se trata de más y esto nunca, nunca acaba. Las formas pueden cambiar, pero la dinámica no cambia nunca porque la culpa en la mente ha pasado desapercibida.

Lo que deshace la culpa no es alimentarla con más y más especialismo [deseo de ser especial]. Lo que deshace la culpa es darse cuenta de que es algo inventado. Eso es lo que deshace la culpa, y no sabes que es algo inventado hasta que la miras. Pero no sabemos dónde mirar porque somos criaturas sin mente, hemos olvidado totalmente el hecho de que somos una mente.

De modo que necesitamos un profesor y un sistema de pensamiento que redirija nuestra atención desde lo sin-mente —como por ejemplo el cuerpo y el mundo—, hacia la mente. Este es el propósito de las relaciones. Por eso el Curso hace tanto hincapié en las relaciones, porque son el objeto favorito de nuestra proyección. Por eso nos aferramos siempre al pasado, a nuestros recuerdos del pasado y a nuestras relaciones pasadas con nuestras familias, porque eso es lo que justifica esta necesidad de proyectar continuamente sobre las personas.

Como es ahí donde la culpa está más firmemente alojada y envuelta en disfraces en nuestras relaciones con otros cuerpos, ahí es donde Jesús inicia el trabajo para poder invertir el proceso. El milagro, el título de este libro, invierte el proceso. Devuelve el "retorno de lo reprimido" a lo reprimido. El ego toma la culpa de la mente y la pone en lo que *no tiene mente*. El milagro toma la culpa de lo que *no tiene mente* y lo devuelve a la mente. De modo que entonces podemos mirar y decir: "Oye, ahí no hay nada. El emperador está desnudo. La culpa no existe".

Si la culpa no existe, entonces no solo el emperador está desnudo —siendo la culpa sus ropas—, sino que no hay emperador, porque, sin culpa, no hay ego. La curación última no es posible si permanecemos en un mundo sin mente. Tenemos que usar el símbolo del mundo, tal como Freud usó los símbolos de los sueños, como "camino real" que nos lleva de vuelta, de tal manera que podamos echar una mirada a la actividad tomadora de decisiones de la mente inconsciente y así volver a elegir.

Pregunta: Has dicho algo que me ha movido mucho, mi corazón late con fuerza, pero no estoy seguro de haberlo entendido correctamente, de modo que déjame ver...

Ken: De acuerdo, ahora no quiero estropear esto. Me gusta que tu corazón esté latiendo con fuerza.

Pregunta: Dices que vamos por ahí amando a todo el mundo, pensando que el mundo es precioso —bla, bla, bla— y en realidad eso encubre el odio. Bien, a mí no me gusta nadie y no pienso que el mundo sea hermoso. Pienso que tira para atrás. ¿Significa eso que estoy encubriendo un montón de amor?

Ken: Eso significa que estás muy avanzado espiritualmente.

Pregunta: Lo digo en serio.

Ken: Sí, sí. Significa que estás encubriendo, tapando el amor.

Pregunta: ¡Vaya!. Os quiero a todos. [Risas]

Ken: Qué mundo más hermoso.

Pregunta: Esto sí es un milagro. [Risas]

Mirar sin juicio

Pregunta: No sé si lo recuerdo correctamente, pero creo que leí que, según Freud, el juicio era la puerta que mantenía inconsciente al inconsciente.

Ken: Porque el juicio no te permite entender. En otras palabras, no juzgas el complejo de Edipo. Solo lo miras. No juzgas las diversas formas que ha tomado la sexualidad infantil y cómo ha evolucionado. No juzgas el sueño. *No juzgas un sueño*; no lo descartas; lo miras.

Así, en este sentido, esto es exactamente lo que encuentras en el Curso. Lo que difiere es que, en definitiva, lo que Jesús nos pide que miremos es a la mente tomadora de decisiones que puede elegir de nuevo, no a lo que la mente ha elegido. Porque un sueño es un sueño, es falso. Entonces, ¿por qué molestarse en analizar lo que ni siquiera está ahí? Ahí es donde Freud y el Curso seguirían caminos diferentes. Pero el paradigma de mirar sin juzgar es el corazón de ambas disciplinas.

Pregunta: ¿Fue capaz Freud de mirar a sus pacientes sin juicio?

Ken: Bueno, lo intentó. No era un santo, no estoy diciendo que fuera un santo. En realidad, lo intentó con mucho empeño. Ya sabes que tuvo sus malos momentos. Pero sí, realmente lo intentó. Y cuando lees sus estudios de casos, que son brillantes, es como leer historias de detectives. Porque está escribiendo sobre una persona, y sobre un criminal, y está tratando de aprehender al criminal. Sí que te llega una sensación de calidez, y sí que tienes la sensación de que no está juzgando. Realmente está analizando lo que ocurre sin juzgar. No estoy diciendo que hiciera eso todo el tiempo, y ciertamente no estaba por encima de juzgar a sus colegas. Pero lo intentó. Lo que encuentras en los estudios de casos, sin duda, es que no está juzgando a la persona. Solo habla de cuáles son los síntomas, qué significan y cómo llegaron ahí.

Pregunta: Entonces, ¿sus estudios encontraron siempre al mismo criminal?

Ken: Es siempre el mismo criminal, sí. La sexualidad infantil era el malo. Y el nombre general para ello es *complejo de Edipo*. Él analizó todo eso. Eso era lo más importante. Pero, una vez más, en el Curso no haces eso, porque en él no hay nada que analizar.

EL TIEMPO DEL RENACIMIENTO

Permitidme leer, de la página 368 del texto, el párrafo 5. Esto está cerca del final del Capítulo 15. En el Capítulo 15 del Curso es donde por primera vez Jesús habla de las relaciones especiales, a partir de la segunda mitad de ese capítulo. Ahora bien, esto es una refutación directa de la técnica freudiana.

(T-15.X.5:1) No es necesario seguir al miedo por todas las tortuosas rutas [esto es un término freudiano] **subterráneas** [en el inconsciente] **en las que se oculta en la oscuridad** [en el inconsciente]**, para luego emerger en formas** [esto es el retorno de lo reprimido] **muy diferentes de lo que es.**

Jesús está diciendo que no tienes que entender todo eso. No tienes que analizar las tortuosas rutas subterráneas en las que el miedo se oculta en la oscuridad, para emerger en formas muy distintas de lo que es. Esto, una vez más, es el retorno de lo reprimido. La oscuridad subterránea es el inconsciente, lo reprimido, o el lugar donde va lo reprimido. Los pensamientos reprimidos se alojan en esta oscuridad inconsciente, y después "emergen en formas muy diferentes de lo que es". Esto es directamente Freud.

(T-15.X.5:2) Pero sí es necesario examinar cada una de ellas mientras aún conserves el principio que las gobierna a todas.

Tenemos que mirar todas estas formas solo para hacer la generalización que dice que todas son lo mismo. ¿Por qué molestarse en analizar la expresión individual? Todas ellas siguen el mismo patrón básico. Mi mente tomadora de decisiones eligió al ego, que dio realidad a la culpa, lo cual hizo necesario esconderla mediante la proyección de un mundo sin mente, que ahora asume todas estas múltiples formas de especialismo. No tengo que analizar esa multitud de formas de especialismo. Comienzo ahí hasta que concibo la idea de que todas ellas son lo mismo. Es la misma dinámica. Solo hay un problema, un criminal. Mi mente eligió al ego. Ese es el problema. La solución es que mi mente elija en contra del ego. De esto es de lo que está hablando aquí. Tú no tienes que examinar cada forma.

(T-15.X.5:3) Cuando estés dispuesto a considerarlas, no como manifestaciones independientes, sino como diferentes expresiones de una misma idea, la cual ya no deseas, desaparecerán al unísono.

Esto te ahorra veinte años de análisis, porque no tienes que entender todas las rutas tortuosas a través de las cuales la culpa emerge en el mundo. Te das cuenta de que todas son lo mismo y vienen de una misma idea: como dice la frase siguiente, es la idea de que yo puedo ser "anfitrión del ego o rehén de Dios". Es otra manera de decir que el ego es un profesor mejor que el Espíritu Santo; que la separación es preferible a la Unidad. El amor especial es mi preferencia en lugar del Amor. Todo es una misma idea.

Cuando te das cuenta de que hay una idea —una idea que ya no quieres, porque ahora estás eligiendo en contra del ego y a favor del Espíritu Santo—, todo se viene abajo. Es como un castillo de naipes que se desmorona porque sacas la carta de abajo. Hasta que no saques la carta de abajo, aquella en la que el tomador de decisiones ha elegido al ego, el castillo se sostendrá; el edificio se sostendrá. Por eso, al ego le encanta que analicemos las distintas habitaciones de la casa, el tipo de ladrillos que utilizas, el tipo de tejas en el techado, el tipo de pintura que usas, el papel de empapelar, el tipo de suelo, los distintos aparatos que tienes. Al ego le encanta eso, que lo analices. Te dice: ¡Por favor! Aquí están todas las especificaciones. Míralas. Aquí está el aislante que he empleado. Míralo todo.

Y Jesús dice: ¿Para qué molestarse con todo eso? Pero el ego dice: "Míralo todo", porque no quiere que miremos a los cimientos, puesto que se basan en nada. Fue la decisión de la mente a favor de la nada inherente al ego. De modo que le encanta analizar. El Curso dice: "El ego analiza; el Espíritu Santo acepta" (T-11.V.13:1). Y añade: "La complejidad forma parte del ámbito del ego" (T-15.IV.6:2), y "La salvación es simple" (T-15.X.9:6). Al ego le encanta fabricar casas complicadas, y esto es lo que es el mundo, y después fabrica los cuerpos que viven en el mundo, por no hablar de las relaciones que los cuerpos mantienen entre ellos. De modo que no miramos a los cimientos, que son de paja, un símbolo procedente de los evangelios que se usa más adelante en el texto. Esta no es una casa construida de ladrillos. Está hecha de paja (T-28.VII.5:7); está hecha de nada. Está construida sobre la decisión de la mente a favor de la nada.

Pero nunca llegamos ahí porque estamos muy ocupados analizando la estructura. Eso es lo que hizo Freud. Él analizó la estructura y no se dio cuenta de que descansaba sobre nada. Este es el significado de la declaración: "Freud conocía una cosa mala cuando la percibía. Él simplemente no sabía que las cosas malas no existen". Pero como nosotros creemos que existen, necesitamos entender cómo funciona toda esta casa para por fin entender que ahí no hay nada que funcione. Descansa sobre nada. Tenemos que volver a la parte tomadora de decisiones de la mente para poder mirar: mirar al ego, sin analizarlo. Y decir: "Esto se basa en el pensamiento de que estoy separado de Dios, y ya no lo quiero".

El Curso dice: "El milagro establece que estás soñando un sueño y que su contenido no es verdad" (T-28.II.7:1). Establece que estás soñando un sueño, que todo esto es un sueño; y lo que estás soñando no es verdad. Entonces, ¿para qué analizar el sueño? ¿Para qué analizar la casa y todos sus detalles, lo cual te va a llevar toda la vida? Construiste una casa grande. ¿Para qué analizar todo eso cuando puedes ir directamente a los cimientos que descansan sobre nada? Retira los cimientos y el mundo desaparecerá en la nada de la que vino.

Pero necesito elegir el milagro para poder volver a la parte tomadora de decisiones de mi mente, al soñador, y decir que lo que estoy soñando es falso. El contenido del sueño no es verdad. El *Libro de ejercicios* dice: "Simplemente observa la devastación y le recuerda a la mente que lo que ve es falso" (L-pII.13.1:3). Miro esta casa aparentemente hermosa, pero Jesús nos lleva detrás de la fachada, como hizo Freud con su hija, y dice: "Lo que estás viendo aquí es un desastre. Es devastación. Esto no es amor, es asesinato".

A continuación, para ampliarlo, Jesús dice en otro lugar: "Esto no es un ejército, sino una casa de locos" (T-21.VII.3:13). Una vez más, el milagro contempla la devastación y le recuerda a la mente que lo que está viendo es falso. Así que miramos detrás de la fachada del amor especial, que parece tan bello, hermoso, santo y amoroso, a la devastación que está debajo, no solo para darnos cuenta de que la amorosidad era falsa y la devastación es falsa, sino para darnos cuenta de que todo es falso. Entonces, ¿dónde queda la necesidad de analizarlo?

Empezamos analizándolo porque eso es lo que hacemos. Y creemos que el Curso trata sobre la curación de mi relación contigo, cuando en realidad trata de que me dé cuenta de que mi relación contigo, y con aquél otro y con el de más allá y con todas las personas distantes de mi pasado, son todas lo mismo.

Relación especial-santa

(T-15.X.5:3) Cuando estés dispuesto a considerarlas, no como manifestaciones independientes, sino como diferentes expresiones de una misma idea, la cual ya no deseas, desaparecerán al unísono.

Traduciendo esto a otras palabras, cuando soy capaz de ver que todas las relaciones especiales de mi vida, desde que nací hasta el momento presente —todas mis relaciones de amor especial y de odio especial— son parte de la misma idea, son sombras fragmentadas de la única relación original y especial que he tenido alguna vez —que es la que tengo con mi ego, y esta relación ya no la quiero—, todas ellas desaparecen. En ese instante, todas mis relaciones se vuelven santas.

Como ya he dicho muchas veces, ten cuidado con cualquier persona o pareja que te diga que tiene una relación santa, porque no lo entienden. Si solo tienes una relación, cada relación debe ser santa. Pero si lo especificas para una única relación santa, ¿adivina qué? Vuelves directamente al deseo de ser especial. Tú única relación santa es con Jesús o el Espíritu Santo. Esa es la única relación. Y cuando le eliges a él como maestro, todas tus relaciones están bendecidas con la misma santidad. Todas ellas se vuelven santas, porque solo hay una idea; solo hay una relación.

Pero cuando despido a Jesús como mi maestro y elijo al ego; esa es mi relación especial. Entonces todas mis relaciones son especiales. No puede ser de otra manera porque "las ideas no abandonan su fuente" (T-26.VII.4:7, 13:2; L-pI.132.5:3, 10:3). La proyección da lugar a la percepción. Lo que veo dentro es lo que veo afuera. Y lo que veo dentro se queda dentro, lo que significa que la relación con mi ego está siempre allí mientras siga eligiéndola. Y puesto que la proyección da lugar a la percepción, ahora cada relación que percibo será la proyección de esa relación no santa y no sanada. Esto es lo que tengo que aprender.

Así que, de nuevo, "cuando estés dispuesto a considerar tus relaciones, no como independientes", lo que significa no como diferentes unas de otras, sino como diferentes manifestaciones de la misma relación especial en tu mente —y esa es una relación que ya no deseas, porque ahora quieres otro maestro—, todas las relaciones desaparecen al unísono. Todas ellas se curan como una. Todos tus problemas se remedian como uno. Todas tus enfermedades, tus síntomas se curan como uno. Todo se sana. Y si un síntoma parece persistir, tú ya no lo experimentas como un síntoma, porque tu mente está sanada y tú estás en paz. De modo que no tienes que analizar todas y cada una de las relaciones. Utilizas la relación como el camino real para volver a la única relación que hay, que es la relación de la mente con su maestro. Y nuestra elección es: ¿A qué profesor vamos a elegir?

Preguntas

Mirar la culpa

Pregunta: Tú siempre dices: mira al ego sin juicio.

Ken: Sí que lo digo.

Pregunta: Yo puedo visualizar lo que es el ego. Puedo oír esa voz, el pequeño diablo sobre mi hombro cuando ocurre algo. Y ahora acabas de decir: mira la culpa. Creo que la culpa está enterrada tan profundo que no soy consciente de ella. Personalmente, solo he estado haciendo esto durante unos pocos años.

Ken: Olvídate de la culpa. Simplemente mira al ego.

Pregunta: ¿No tienes que preocuparte de la culpa? ¡Eso es genial!

Ken: En realidad, no quería decir eso. [Risas] Simplemente mira al ego. Mira cualquier momento en el que seas consciente de no sentirte amoroso y pacífico hacia todo el mundo, o simplemente hacia todos los que están en esta habitación. Cuando no sientes un amor y una paz que abrazan a todos, o al mundo en general, mira eso sin juicio. Eso es. Ahora bien, eso es mirar la culpa sin saber que estás mirando la culpa, porque no tienes que hacer eso. Es fácil.

Pregunta: ¿Y esto se ha de hacer el cien por cien del tiempo?

Ken: Ese es tu problema. [Risas] Sí, por supuesto, es el cien por cien del tiempo o casi el cien por cien, y ahí está la clave. La astucia del disfraz del ego es tal que no eres consciente de ella. Esa es la razón por la que tanta gente que trabaja con el Curso tiene la experiencia de que, cuando trabajas con él durante un tiempo, las cosas parecen empeorar. Y la razón por la que parecen empeorar es que siempre han sido peores, pero tú no lo sabías.

No es que estén empeorando. Es que conseguías disfrazar muy bien tu odio y tus pensamientos asesinos. Después de algún tiempo, ya no puedes seguir haciéndolo porque el propósito del Curso es exponer eso y no juzgarlo. Pero no puedes soltar esos pensamientos hasta que los hayas mirado. Después de algún tiempo, empiezas a darte cuenta: "Chico, yo pensaba que era una persona amable. Pensaba que era sincero. Sí, tenía mis momentos, pero, ya sabes, en general pensaba que era aceptable". Y de repente, te das cuenta de que esos momentos que pensabas que eran tan buenos, y esos momentos que pensabas que eran tan malos, en realidad no eran momentos. Se extendían por periodos de tiempo más largos.

LAS “DINÁMICAS” DEL EGO

Quiero leerte un pasaje que releo de vez en cuando. Creo que es la declaración más clara que hay en el Curso sobre lo que es mirar y por qué hemos de mirar. Está en la página 230 de la segunda edición de UCDM . Es el principio de la sección: La “dinámica” del ego. Es una de las mejores secciones del texto. [Risas] He dicho eso con cara seria.

(T-11.V.1:1) Nadie puede escapar de las ilusiones a menos que las examine...

“Nadie puede escapar de las ilusiones”, nadie puede escapar del ego, nadie puede escapar de la culpa, nadie puede escapar de la inconsciencia... Todo es lo mismo.

(T-11.V.1:1) Nadie puede escapar de las ilusiones a menos que las examine, pues no examinarlas es la manera de protegerlas.

Esta frase nos habla de la naturaleza intencional del mundo. Como la mayoría de las frases del Curso, si realmente entendieras aunque fuera solo esta única frase, te abriría la totalidad del sistema de pensamiento del ego, y la totalidad del sistema de corrección del Espíritu Santo. Esta es una de esas frases. “No mirar” es la manera de proteger las ilusiones. “No mirar” significa ser un cuerpo. El propósito del cuerpo a nivel individual, y el propósito del mundo a nivel colectivo, es no mirar a la mente. Para eso se fabricó el mundo.

En el Curso todo tiene que ver con el propósito. De modo que se nos pide que entendamos el propósito por el que vinimos a este mundo como cuerpos. Todo esto es un sueño y nosotros somos el soñador, y como Freud nos enseñó los sueños son significativos, no son meros accidentes, tienen significado. Y como nuestros pensamientos son significativos y los sueños solo son pensamientos, lo que les da su significado es su propósito. Jesús nos dice que entendamos el propósito y entenderemos el significado de cualquier cosa. De hecho, dice que la única pregunta que deberías plantear sobre cualquier cosa del mundo es: ¿Para qué es? (T-17.VI.2:2). ¿Cuál es su propósito? (T-2.II.3:3; T-4.V.6:7-9).

El propósito del mundo es establecer como realidad un estado perpetuo de ausencia de mente, de inconsciencia. Ese es el propósito del mundo. El cuerpo es un lugar sin mente. Es una cosa sin mente en un mundo sin mente, porque el cuerpo fue fabricado para ocultar la mente. Nuestros órganos sensoriales fueron construidos por la mente para mirar únicamente hacia afuera, para mirar solo a lo de fuera, para mirar al mundo. Así que con ellos percibimos lo que ocurre a nuestro alrededor, incluyendo lo que ocurre en nuestro cuerpo, que también está fuera de la mente.

En la sección que he mencionado antes, "Los dos mundos", es donde Jesús nos habla de que el propósito del mundo y del cuerpo es mantener escondida la culpa (T-18.IX.4). Sin embargo, la culpa sigue dictando lo que el cuerpo hace y, a una escala mayor, lo que el mundo hace. Pero no sabemos quién está dictando. No mirar a las ilusiones es la manera de protegerlas. Bien, ¿qué significa esto?

Lo que hace que las ilusiones sigan siendo reales en nuestra experiencia es nuestra creencia en ellas. Pero, ¿qué es lo que cree? La mente. La mente cree en la ilusión, y así le doy realidad porque creo en ella. No es real, pero yo creo que lo es.

Mientras estoy durmiendo por la noche, teniendo un sueño, creo que mi sueño es real. No es real. No estoy en un país lejano con personas extrañas que hacen cosas curiosas. Sigo estando en mi cama. No ha cambiado nada. Pero, en mi sueño, mientras lo sueño, creo que ha cambiado algo y me suceden cosas, a las que reacciono. Cuando abro los ojos y dejo de dormir, dejo de soñar; lo que significa que dejo de creer en lo que estaba soñando.

Pero, mientras duermo, no estoy mirando, a menos que sea un soñador lúcido, y en un sentido más amplio Jesús nos está entrenando para ser soñadores lúcidos. Un soñador lúcido es alguien que está dormido, soñando, pero dentro del sueño sabe que es un sueño. De modo que, mientras todavía estamos aquí, en cuerpos, experimentándonos como cuerpos, podemos aprender a ser soñadores lúcidos. Esto implicaría saber que todo esto es un sueño, lo cual significa que aprendemos a no tomarlo en serio; y esto, a su vez, significa que no le damos poder sobre nosotros. Así:

(T-11.V.1:1) Nadie puede escapar de las ilusiones a menos que las examine, pues no examinarlas es la manera de protegerlas.

El hogar de las ilusiones es la mente. El mecanismo de mirar es el tomador de decisiones. Cuando el tomador de decisiones elige a Jesús como su maestro, se convierte en un observador, por definición. Porque, estar con Jesús, estar en nuestra mente correcta, significa mirar al ego sin juicio; eso es lo que significa.

No significa tener una maravillosa experiencia celestial y revelatoria. Estar en nuestra mente correcta es elegir a Jesús como maestro y mirar al ego sin juicio. Esa es la corrección del ego. *De modo que nadie puede escapar de las ilusiones a menos que las examine, pues no examinarlas es la manera de pro-*

tegerlas. Mi mente elige al ego y su sistema de pensamiento de culpa, pecado, miedo, odio y muerte. Elige eso y después reprime lo que ha hecho. Y lo reprimido retorna cuando yo lo proyecto fuera y fabrico un mundo y un cuerpo.

Ahora soy consciente del pecado, la culpa, el miedo, el sufrimiento y la muerte, pero como cuerpo. Tú tienes el pecado, deberías sentirte culpable, y yo tengo miedo de lo que tu pecado me va a hacer a mí. Voy a sufrir debido a tu pecado, y al final voy a morir, y todo por tu culpa. No importa quién sea el *tú*. El *tú* podría ser específico, toda la gente terrible de mi vida. También podría ser más general. Lo que me va a hacer sufrir y morir son las leyes inmutables de la naturaleza, las leyes del cuerpo que no se pueden cambiar. Y yo soy su víctima.

Lo que ha sido reprimido es mi decisión de creer en ese sistema de pensamiento. Lo reprimido vuelve a mi conciencia, pero disfrazado. De modo que aún veo ese sistema de pensamiento, pero ahora me rodea por todas partes; no está en mi mente. Esto es lo que hace la proyección. Ahora lo veo por todas partes a mi alrededor, y mi atención queda fijada en protegerme de todas las personas pecaminosas, y de las leyes pecaminosas, y de los objetos pecaminosos de mi mundo.

Y esto significa que nunca miro dentro de mi mente porque no sé que tengo una mente. Está reprimida, lo que significa que es inconsciente. No soy consciente de ella. Pero ahora veo los contenidos de lo que he reprimido por doquier a mi alrededor a través de la proyección, y ahora vienen con todo tipo de disfraces, con todos los disfraces del especialismo. En realidad, no puedo hacer nada con ellos porque no sé que tengo una mente. Todo esto es lo que dice la primera frase.

(T-11.V.1:2) No hay necesidad de sentirse amedrentado por ellas, pues no son peligrosas.

¿Cómo podría hacerte daño una ilusión? ¿Cómo podría afectarte lo que no es nada? ¿Cómo podría traerte placer o dolor lo inexistente? ¿Cómo podría engendrar temor? Si ahí no hay nada, no puede hacerlo. Lo cual significa que si pienso que hay una circunstancia que me pone ansioso, me da miedo, me hace infeliz o me hace feliz, solo puede ser porque he proyectado algo desde dentro de mí, desde mi mente, y he dado significado a lo que está fuera, porque ahí no hay nada. Esta es la razón por la que Jesús dice que no hay necesidad de sentirse amedrentado por las ilusiones, cualquiera que sea la forma que tomen, y menos aún de su contenido, puesto que no es real. A continuación nos dice —acordaos de que esto está en medio del Capítulo 11, de modo que ya hemos estado con él durante diez capítulos y medio o al menos es de esperar que así haya sido—:

(T-11.V.1:3) Estamos listos para examinar más detenidamente el sistema de pensamiento del ego porque juntos...

Tú y yo. Un poco antes dice: "Recuerda, yo te necesito tanto como tú me necesitas a mí" (T-8.V.6:10). Ahora bien, no es el mismo nivel de necesidad. Nosotros lo necesitamos porque él es el símbolo de la ausencia de juicio al que invocamos para mirar al ego. Él nos necesita porque no puede ayudarnos a menos que le elijamos. Lo que significa que, tal como le ocurre al ego, Jesús o el Espíritu Santo no tienen poder hasta que les elegimos. Es muy importante entender esto, porque si no lo entiendes, pensarás que hay un Jesús correteando por tu mente, porque piensas que hay un "tú" correteando en tu mente.

Cuando te das cuenta de que ellos no tienen poder a menos que tú se lo des, al final te darás cuenta de que Jesús y el Espíritu Santo son pensamientos tuyos. Ellos son el recuerdo del Amor de Dios. Pero como crees ser una persona específica, entonces piensas que ese recuerdo es [de] una persona específica y le das un nombre. El Curso solo usa dos nombres posibles: el *Espíritu Santo* o *Jesús,* aunque hay miles. Pero no pueden ayudarte a menos que los elijas.

Es como que tu coche no puede circular hasta que pasas de punto muerto a meter la primera marcha. Jesús representa este ir hacia delante, ese meter la marcha; el ego representa poner la marcha atrás. Así que este es un coche que solo tiene dos marchas. Es simple. El coche no irá a ninguna parte, permanecerá en punto muerto y parado hasta que le metas la marcha adelante o atrás; hasta que vayas con el ego o con Espíritu Santo. Ahora bien, el coche nunca puede quedarse en punto muerto. Siempre tiene que ir *con uno o con el otro*. Y el coche, por muy potente que sea el motor, por más gasolina que tenga, por más trucado que esté, no puede moverse hasta que metas la marcha. Por más amor que Jesús simbolice, él no puede ayudarte hasta que lo elijas. El ego no puede hacerte daño hasta que lo elijas, lo que significa que nosotros somos quienes tenemos el poder de herir o sanar. Tenemos el poder de la tierra o del Cielo.

Hay un par de lugares donde Jesús cita la famosa declaración de los evangelios y dice: "...se te ha dado todo el poder en la tierra y en el Cielo" (L-pI.191.9:1). En otras palabras, no soy solo yo quien tiene el poder en el Cielo y en la tierra. Tú tienes todo el poder en el Cielo y en la tierra porque tienes el poder de elegir: el Cielo, y retornar al hogar en Dios; o a la tierra, lo que significa quedarse en el sueño del ego. Por tanto:

(T-11.V.1:3) ...juntos [tú y yo, dice Jesús] **disponemos de la lámpara** [nosotros tenemos la lámpara] **que lo desvanecerá, y puesto que te has dado cuenta de que no lo deseas, debes estar listo para ello.**

Déjame leer esta frase otra vez:

(T-11.V.1:3) Estamos listos para examinar más detenidamente el sistema de pensamiento del ego porque juntos disponemos de la lámpara que lo desvanecerá [al ego]**, y puesto que te has dado cuenta de que no lo deseas** [el ego y su sistema de pensamiento]**, debes estar listo para ello.**

Esto significa que ya hemos ganado algo, ya hemos aprendido algo. Ya hemos aprendido que el ego no nos hace felices, incluso cuando nos vemos obligados a elegirlo, y por tanto obligados a enfadarnos, a enfermar, a sentir culpa y a estar deprimidos. Hay una parte de nosotros que sabe que estamos eligiendo al ego incluso mientras lo estamos haciendo. Ahora él te está diciendo que estás progresando, porque al menos sabes cuál es el problema y no puedes seguir culpando a las circunstancias externas.

Si ahí fuera no hay nada, nada puede enfermarte, nada puede hacer que estés bien, nada puede enfadarte, nada puede hacerte feliz, nada puede darte placer; nada puede producirte dolor, porque ahí fuera no hay nada. Ahora tú y yo podemos iniciar el proceso de sostener la lámpara de la ausencia de juicio con la que miramos al ego, y lo vemos tal como es.

El problema es que no sabemos dónde mirar. Como creemos que somos cuerpos, pensamos que Jesús quiere que miremos a las relaciones especiales: la que yo tengo contigo. Bueno, sí lo quiere, durante unos diecisiete segundos, de modo que podamos salir rápidamente del cuerpo externo, y llevar la atención adonde está el verdadero problema: mi relación especial con mi ego. Por eso estoy enfermo, por eso estoy enfadado, por eso estoy deprimido, por eso estoy ansioso, por eso tengo miedo, porque elegí al maestro equivocado. Esto es lo que miramos. Él usa nuestros cuerpos y nuestras relaciones con otros cuerpos como el “camino real” —volviendo a citar a Freud— que lleva nuestra atención de vuelta a la mente para que podamos entender sus actividades tomadoras de decisiones.

(T-11.V.1:4) Mantengámonos en calma al hacerlo, pues lo único que estamos haciendo es buscar honestamente la verdad.

Lo que está diciendo es que no te acalores ni te inquietes por esto, no te lo trabajes, no pienses que es gran cosa, no le tengas miedo. Mirémoslo con calma. Porque lo que vamos a hacer es mirar las ilusiones, y luego, como nos dirá dentro de un minuto, vamos a mirar más allá de las ilusiones a la verdad. Vuelve a escuchar lo que nos está diciendo. “Lo único que estamos haciendo es buscar honestamente la verdad”. Bueno, no parece que sea esto lo que está diciendo. Lo que parece estar diciendo es que vamos a mirar a las ilusiones, porque el *modus operandi* del Curso es que la manera de encontrar la verdad es mirar a la ilusión.

Como suele decir, esta es la razón por la que no se llama *Un curso de amor,* o *Un curso de verdad,* o *Un curso de Dios,* o *Un curso de realidad.* Se llama *Un curso de milagros* porque milagro es el nombre que el Curso da al proceso de mirar al sueño y darse cuenta de que no es verdad: mirar a la ilusión que hemos hecho real, a la nada que hemos convertido en algo, para así poder darnos cuenta de que lo que está fuera es una proyección de lo que está en mi mente.

Tengo que comenzar donde creo estar, en mi cuerpo. Miro las ilusiones, pero las miro para ir más allá de ellas a la verdad. Esta es la razón por la que no he de temer la ilusión, porque no estoy mirando nada; estoy mirando una sombra. ¿Quién podría tener miedo de una sombra? Eso es todo lo que es el ego. Eso es todo lo que es el mundo de los cuerpos. Eso es todo lo que son las relaciones especiales. Son sombras.

Pero no conoceré aquello que he reprimido hasta que vea los disfraces que usa cuando retorna. No conoceré lo que he reprimido —la decisión de mi mente a favor de la culpa— hasta que conozca y reconozca los diversos disfraces que ha tomado el retorno de lo reprimido, cuando proyecté lo que había reprimido o negado, que ahora veo fuera de mí.

(T-11.V.1:5) La "dinámica" del ego...

La palabra "dinámica" está entre comillas, como en el título anterior, porque dicha palabra implica que hay poder, que hay fuerza, y el ego no tiene poder. El único poder, la única fuerza que tiene el ego reside en la creencia que nuestra mente deposita en él, lo que significa que es mi mente la que tiene todo el poder. Una vez más: Jesús no tiene poder; el Espíritu Santo no tiene poder; el ego no tiene poder. Yo tengo el poder. Y este "yo" es mi mente tomadora de decisiones. Ahí es donde está el poder. Era y es el poder de creer que pude atacar la verdad. Y es el poder de darme cuenta de que eso fue un error. La culpa no tiene poder; el amor no tiene poder, no lo tiene dentro del sueño. Mi mente tiene todo el poder. De modo que el ego no tiene ningún poder.

(T-11.V.1:5) La "dinámica" del ego será nuestra lección por algún tiempo...

Hemos dedicado tanto tiempo esta mañana a hablar de Freud porque él estudió las dinámicas del ego. En psicología, es típico que cuando estudias la psique, hablas de la psicodinámica que estás estudiando, de lo que ocurre en el inconsciente. Y allí pasan muchas cosas. Todas son inventadas, todas son ilusorias, pero pasan muchas cosas.

Lo que es importante en términos del Curso es aprender que, en primer lugar, reprimimos o negamos la decisión de la mente a favor de la culpa, y después la proyectamos fuera. Con esto, negamos el único poder que existe dentro del universo de la separación: el poder de la mente que cree en dicha separación. Como un solo Hijo, negamos ese poder, lo proyectamos fuera y ahora lo vemos por doquier a nuestro alrededor. Tanto es así que todos sentimos que no tenemos poder, que somos vulnerables y estamos a merced de todas esas poderosas fuerzas que están más allá de nuestro control. ¿Por qué hicimos eso? Si esto es un sueño, ¿por qué nos hicimos carentes de poder? Nos hicimos carentes de poder para ser capaces de negar el poder de la mente.

Este es otro ejemplo de formación reactiva. Yo soy el que tiene todo el poder y me acuso a mí mismo de usarlo mal al haber asesinado a Dios. Ahora niego que tenga el poder y me vuelvo totalmente vulnerable, incapaz e impotente, mientras todas las personas y cosas que me rodean tienen poder. El mundo tiene poder sobre mí. Las leyes de la naturaleza tienen poder sobre mí. El calentamiento global tiene poder sobre mí. El sol tiene poder sobre mí. Los incendios tienen poder sobre mí. Mi presidente y el congreso tienen poder sobre mí. Todo el mundo tiene poder sobre mí. Mi jefe tiene poder sobre mí. Mi familia tiene poder sobre mí. Hasta mi perro tiene poder sobre mí. Todos tienen poder sobre mí. Fabricamos un mundo en el que no tenemos poder a fin de negar el tremendo poder que tenemos. Y ahora ese poder ha quedado impregnado de culpabilidad por el supuesto uso erróneo que hemos hecho de él. Pero no tenemos ni idea de lo que estamos haciendo.

(T-11.V.1:5) La "dinámica" del ego será nuestra lección por algún tiempo, pues debemos primero examinarla para poder así ver más allá de ella [y ahora viene la frase que deberías subrayar]**, ya que le has otorgado realidad.**

Una de las críticas que a veces se le hacen al Curso es: "¿Por qué habla tanto del ego cuando todo es una invención?" Esta es la explicación: "Porque lo has hecho real". Jesús nos está diciendo, tal como le dijo a Helen en el Capítulo 2: tú crees en el miedo y tú lo fabricaste. Yo sé que el miedo no es verdad, pero tú crees en él. Así que nos está diciendo: yo sé que el ego es una ilusión. Yo sé que todo es una invención. Yo sé que el mundo es una alucinación. Yo sé que el mundo no existe.

Pero como tú crees en la existencia de un mundo y crees que existes en el mundo, y que el "tú" que existe es este cuerpo físico y psicológico, me voy a encontrar contigo donde crees estar y así aprenderás que no eres quien crees ser. Y con esto no nos referimos a que seamos Cristo. Lo que él quiere enseñarnos es que somos mentes. Y cuando nuestras mentes por fin reconozcan que somos los tomadores de decisiones —que esto es lo que verdaderamente somos dentro del sueño— podremos volver a elegir. Cuando por fin elegimos perdonar y aceptar la Expiación, lo que significa que perdonamos totalmente, el recuerdo de quiénes somos en Cristo amanece en nuestra mente y estamos en nuestro hogar.

En realidad, el propósito del Curso no es recordarnos quiénes somos en Cristo, porque eso es demasiado terrorífico. Por eso salimos corriendo, porque no queremos ser Cristo. No queremos ser la perfecta Unidad unida como Una. Así que el propósito del Curso es recordarnos que somos tomadores de decisiones. En eso consiste el milagro. Por eso no se llama *Un curso de amor*, porque el amor solo existe en el Cielo. Este es *Un curso de milagros* porque es la corrección. Es la corrección de la creencia de que soy esta persona que creo ver cada mañana en el espejo. Y me dice: "No, tú no eres este cuerpo. Eres una mente tomadora de decisiones". Ahí es donde reside tu esperanza. Esa es tu *única* esperanza. De eso va todo esto. Así que primero debemos mirar a las "dinámicas" del ego "para ver más allá de ellas, ya que les has dado realidad".

(T-11.V.1:6) Tranquilamente [este "tranquilamente" indica calma] **desvaneceremos juntos este error, y después miraremos más allá de él a la verdad.**

Según el Curso, si no miras primero al ego, no puedes llegar a la verdad. Primero debemos invertir la proyección. Cuando lo reprimido retorna a la conciencia, lo hace a través de la proyección. Todo lo que está en la mente del ego: culpa, poder, pecado, miedo, terror, campo de batalla, asesinato, muerte, juicio, odio, todo lo que está reprimido en el ego, retorna a través de la proyección, pero ahora se percibe fuera [de uno mismo]. Entonces cae esta cortina de hierro, y ya no somos conscientes de que tenemos una mente.

De modo que es natural creer que se nos hacen cosas. Todos sabemos que nuestra sociedad es brillante —que nuestra sociedad ha llegado a ser brillante, y con el tiempo es cada vez más brillante—, a la hora de aislar e identificar las causas de nuestra desazón. Estas se vuelven más y más sutiles, más y más complicadas, porque los problemas siguen empeorando cada vez más. El medio ambiente está cada vez peor. Los problemas siguen aumentando. No hay duda en la experiencia de nadie de que somos cuerpos, víctimas de un mundo sobre el que no tenemos control.

Sí, hay poder, pero ciertamente no está en mi mente, puesto que ya no tengo conciencia de ella. El poder me rodea por doquier, el pecado y la culpa me rodean por doquier, y el miedo está en mí. Está justificado que tenga miedo debido a toda la gente pecaminosa, culpable y agresora que hay por ahí y que me va a hacer daño.

El producto final de todas las cosas del mundo es la muerte. El producto final del sistema de pensamiento del ego es la muerte. De hecho, comenzó con la muerte: asesinamos a Dios, y acabará cuando Dios nos asesine. La muerte y el asesinato se han vuelto reales. Cuando lo reprimido retorna a través de la proyección, todo lo que nos rodea muere. Incluso si la materia inanimada tarda millones o billones de años en morir, también morirá, porque las ideas no abandonan su fuente. Lo que está dentro parece estar fuera, pero nunca abandona el interior.

Tenemos que empezar donde creemos estar. Creemos que somos cuerpos viviendo en este mundo, de modo que así es como está escrito el Curso. El error que comenten tantos estudiantes del Curso es que creen que, como está escrito en este nivel, es de eso de lo que habla. Porque no entienden que está escrito al nivel del símbolo y la metáfora. ¿De qué otra manera podría Jesús hablar de una mente de la que nadie sabe nada?

Por la misma razón, Jesús no habla de Dios. ¿Cómo podría alguien saber de Dios? Se nos dice que el mundo fue fabricado como un ataque contra Dios (L-pII.3.2:1). Fue fabricado para mantener fuera a Dios. ¿Cómo podríamos saber algo sobre Dios cuando el cuerpo y el cerebro fueron fabricados para excluirle? Para excluir el Amor y la Realidad, y para excluir la mente dividida: no solo la Mente de Dios, sino también para excluir la mente escindida o dividida. Así, Jesús tiene que hablar en símbolos y metáforas. Él emplea nuestro lenguaje, que es el lenguaje de las relaciones, el lenguaje de los cuerpos, el lenguaje del ataque y del juicio, que es con el que estamos más familiarizados. Emplea el lenguaje de las relaciones especiales y nos ayuda a entender en qué consisten realmente —qué hay detrás de la fachada—, y a continuación nos enseña que el mundo que vemos es "la imagen externa de una condición interna" (T-21.in.1:5).

Esto es lo que enseñó Freud. Ahora bien, él no nos dijo que la condición interna es una ilusión. Pero nos dijo que lo que vemos fuera es una proyección de lo que está dentro. Y si quieres cambiar lo de fuera, debes cambiar lo de dentro. De otro modo, obtienes lo que él llamó la "sustitución de síntomas". Simplemente vas de un síntoma a otro. El Curso nos habla de las relaciones especiales: nos embarcamos es una "interminable e insatisfactoria cadena [de relaciones especiales]", y "siempre es posible encontrar otra" (L-pI.170.8:7). Pasamos de una relación a otra, de un objetivo a otro. Siempre estamos yendo de uno a otro, a otro y a otro, porque nunca deshacemos el pensamiento subyacente. Si se ha de preservar la culpa y no deshacerla, tiene que mantenerse oculta. No mirar a las ilusiones es la manera de protegerlas.

Proteger la proyección

Hay una línea en el *Libro de ejercicios* que dice: el pensamiento que no perdona protege la proyección (L-pII.1.2:1,3). Mis pensamientos que no perdonan son todos los agravios que mantengo contra las personas de mi vida pasada, presente y anticipada en el futuro. Mientras crea que mis problemas están fuera —tanto si lo que está fuera es una persona que ha abusado de mí o me ha convertido en víctima, como si es un microorganismo que ha abusado de mí y me hecho su víctima, tanto si se trata de los incendios como del medio ambiente, tanto si es la Casa Blanca como el número 10 de Downing Street, o cualquier otro lugar del mundo que yo crea que tiene poder sobre mí...—, mientras me aferre a ese pensamiento que no perdona, nunca sabré que es una proyección.

El pensamiento que no perdona enraíza mi atención en el mundo sin mente del cuerpo, y de esta manera no sé que tengo una mente. Si no sé que tengo una mente, no entiendo la proyección. Aferrarme a mis agravios, aferrarme a mi creencia de que soy una víctima de lo que está fuera de mí, me protege de darme cuenta de que todo es una proyección de la decisión de mi mente a favor de la culpa. Y si no soy consciente de la decisión de mi mente a favor de la culpa, no hay manera en el Cielo o en la tierra de que pueda cambiarla.

El propósito del Curso y el propósito de Jesús como maestro nuestro es enseñarnos que lo que veo fuera de mí, lo que hago real (no lo que mis ojos ven, sino lo que mi mente hace real y a lo que reacciono), es una proyección de una condición interna. Más adelante en el texto, unos pocos capítulos después, lo hace todavía más específico. Es una imagen externa, es un "deseo secreto" (T-28.VI:5:2), lo cual nos devuelve a Freud.

Para Freud, el núcleo de cada sueño era la satisfacción de un deseo, y para él dicho deseo descansaba en el terreno subterráneo de la sexualidad infantil. Pero el núcleo de cada sueño era la satisfacción de un deseo. Jesús dice lo mismo con respecto a todas las cosas que veo, porque en mi vida todo es un sueño. Freud solo habló de los sueño que tenemos mientras dormimos. En el Curso, la palabra "sueño" se usa como metáfora de nuestra experiencia. El núcleo de cada sueño, el núcleo de cada experiencia aquí, es la satisfacción de este deseo secreto. Y la frase siguiente lo clarifica.

¿Cuál es este deseo secreto? Una imagen que queremos que sea verdad. ¿Cuál es la imagen que queremos que sea verdad y que se realiza en cada experiencia que tenemos en el mundo? Y todo el mundo tiene el mismo deseo. La imagen que queremos que sea verdad es que *yo existo*, pero estoy totalmente desamparado y vulnerable. En otras palabras: "Soy inocente, Dios, de todos los cargos. No tengo el poder de hacer nada. ¿Cómo podría haberte destruido? Ni siquiera puedo controlar lo que siente mi cuerpo. No puedo controlar a la gente de mi oficina ni de mi trabajo. Ni siquiera puedo controlar mi coche. Es decir, no puedo hacer nada. Soy totalmente débil, vulnerable, impotente, y estoy desamparado". *Este es el deseo.*

¿Y por qué deseo eso, si es posible aclararlo más? Porque si soy débil, vulnerable y estoy desamparado, debo ser inocente. Y si soy inocente, algún otro debe ser culpable, porque lo que hace que el ego gire, lo que hace que el mundo del ego siga girando, es su principio de: *uno o el otro*. Si yo existo, tu debes morir. Si yo soy inocente, tú debes ser culpable. Si yo estoy separado, debo haber negado y destruido la Unidad. Si yo creo que vivo en la luz, entonces la luz del Cielo debe haberse extinguido, porque es *uno o el otro*.

Mi necesidad de satisfacer este deseo secreto, esta imagen de mí mismo como una persona que existe, pero débil, impotente y vulnerable, establece firmemente que otras personas me hacen cosas. En otras palabras, ellos serán castigados y Dios me liberará y me llevará a casa con Él. Porque, según el ego, en cualquier relación debe haber un pecador y alguien en contra de quien se comete el pecado. Esto simplemente es la ley. La cuarta ley del caos dice: "Tienes aquello de lo que te apropias" (T-23.II.9:3). Si tienes algo, es que te has apropiado de ello. Ni siquiera tienes que conocerme... Esto podría estar totalmente en mi propia mente.

Si tú tienes algo que yo no tengo, es que tú lo has tomado de mí, lo cual significa que eres culpable. Yo soy inocente. Y como lo has tomado de mí, ahora está justificado que yo lo recupere. Esta es la quinta ley del caos (T-23.II.12). Y en este recuperar lo que es mío soy inocente, porque tú lo tomaste de mí. Y todos sabemos que lo tomaste de mí, porque yo no lo tengo y tú sí. Esto es totalmente demente, pero vivimos de esta manera. El mundo está basado en esto.

O bien la manzana se queda en el árbol o bien está en mi estómago. No puede estar en mi estómago y en el árbol al mismo tiempo. Siempre es *lo uno o lo otro*. Tomamos de lo que está fuera para llenar este vacío que pensamos que está dentro; tanto si pensamos que el vacío es físico y está en nuestro estómago, como si pensamos que es emocional y necesitamos a otra persona para completarnos. Esto es lo que tenemos que mirar.

De modo que empezamos donde estamos, con las formas que asume la proyección, solo para poder invertir la dinámica. Y en lugar de ir de la mente a lo sin mente [o desde lo consciente a lo inconsciente], ahora seguimos el milagro desde lo sin mente [o inconsciente] de vuelta a la mente, para poder volver a elegir; no para analizar los contenidos de la mente errada, como tampoco tenemos que analizar los contenidos del mundo externo, sino para volver a la mente tomadora de decisiones que elige de nuevo. Esto es lo único que tenemos que entender y es lo que simplifica las cosas.

Preguntas

Sexualidad

Pregunta: Siguiendo el descubrimiento freudiano de que los impulsos sexuales criminales en la infancia eran la fuente de nuestros pensamientos asesinos, ¿creemos que la sexualidad es la fuente de nuestros problemas?

Ken: Bueno, es el efecto del problema.

Pregunta: Pero, ¿nos odiamos a nosotros mismos por nuestra sexualidad?

Ken: Bien, nos odiamos a nosotros mismos por todo. No quieras hacer de la sexualidad algo especial. El mundo hace eso, y ya es lo suficientemente malo; la sexualidad se convierte en algo especial. Nos odiamos a nosotros mismos porque tenemos que respirar.

Pregunta: ¿Pero hizo Freud de nuestra sexualidad algo especial?

Ken: Para Freud la sexualidad era algo más que la sexualidad genital. Estaba mucho más presente, impregnándolo todo. Para él, era una realidad biológica. A él no le gustaban mucho los cuerpos. No podemos evitar tener un cuerpo, de modo que, en cierto sentido, esto forma parte de nuestra especie. Si lees la obra de Freud como una metáfora, y yo creo que eso es lo que se debería hacer, él está hablando tanto del cuerpo físico como del cuerpo psicológico.

Freud empezó como neurólogo y realmente era un neurólogo brillante. Estaba muy orientado al cuerpo. En sus primeros trabajos, creía que todos los problemas tenían que ver con la neurología y las neuronas, que acababan de ser descubiertas en esa época. Más tarde, empezó a darse cuenta de que este proceso es psicológico. Pero siempre acababa creyendo, y también lo dijo al final de su vida, que en algún momento futuro todas sus teorías serían demostradas electroquímicamente. Nunca perdió el contacto con el cuerpo. Cuando miras su trabajo metafóricamente, te das cuenta de cuál es la *cosa mala*. La cosa mala no es la sexualidad. La cosa mala es el cuerpo, porque, para él, la sexualidad era parte intrínseca del cuerpo. Es instintiva. Nacemos con ella.

Lo que Jesús hace en el Curso, aunque no lo expone de esta manera, es decir que todo lo que atañe al cuerpo, desde la respiración hasta comer, la sexualidad, el recrearse, dormir, digerir... todo da realidad al cuerpo. Eso es lo malo. Pero no es que el cuerpo sea malo. Es la decisión del ego a favor de la culpa la que llevó a fabricar el cuerpo y el mundo. Es la *decisión* la que es lo malo. Decidimos a favor de una ilusión. ¿Y qué hay de malo en ello? Simplemente lo convertimos en algo malo. Recuerda la afirmación anterior: las cosas malas no existen.

Debería decir que a Freud no le habría gustado nada de lo que he venido diciendo durante toda la mañana. Cuando le lees sin una mentalidad estrecha, entiendes que está hablando de algo mucho más amplio. Para él, la clave estaba en la sexualidad. En realidad, lo que estaba diciendo es que no puedes pasar por alto el cuerpo y lo que el cuerpo es. Y el cuerpo es una cosa mala, lo que hacemos con todas esas fuerzas instintivas es una cosa mala. Y él no vio la manera de salir de la *cosa mala.*

El único camino de salida, usando el término que he mencionado brevemente antes, era tomar estas fuerzas instintivas malas y sublimarlas. Las desvías hacia formas socialmente aceptables y te conviertes en un gran artista, o te conviertes en alguien humanitario y ayudas a la gente. Eso es sublimar. Pero lo que estás sublimando sigue siendo malo. Es como si su sistema en realidad fuera un sistema de fontanería. Imagina un conjunto intricado de tuberías y el líquido pasando por ellas. Hay tuberías neuróticas y tuberías sublimadas. Tú quieres pasar por las tuberías sublimadas. Pero lo que pasa por ellas es malo; son esas fuerzas corporales instintivas.

A propósito, Freud tomó esto de su viejo amigo Platón, que habló de lo mismo. Es la famosa imagen del auriga que tiene que manejar a los dos caballos. Uno es salvaje y está sin domesticar, este es el "id" de Freud; y el otro es el caballo bueno: virtud, razón y conocimiento. Y luego está el auriga, el ego de Freud, que es la parte de la psique que, según él, tiene que lidiar con estas cosas. Ahora bien, Freud amaba a Platón —odiaba a los filósofos pero amaba a Platón—, y de ahí vino su teoría.

Cuando repasas la historia intelectual del mundo occidental, ves las mismas ideas presentadas de distintas formas. Es como que está presente la misma inspiración, y se manifiesta de cierta manera cuando el mundo la necesita. Poco después se manifiesta de otra manera, y aún de otra. Dentro de cien años o dentro de doscientos años, o de quinientos, habrá otra forma del Curso. Una vez más, cuando lees la obra de Freud como una metáfora, él expone la idea de que hay algo profundamente errado en todos nosotros. Hay algo intrínsecamente equivocado en nosotros, y tenemos que lidiar con ello. Y Jesús diría lo mismo.

Pensamiento analítico y naturaleza

Pregunta: Dijiste ayer —no sé si lo leíste del Curso— que el problema no es lo que estás pensando, sino el hecho de estar pensando.

Ken: Correcto. En realidad he robado este dicho.

Pregunta: Es el pensamiento analítico...

Ken: Muy malo, pecaminoso; es malo. [Risas] No obstante, diré que está bien si lo practicas con la misma ligereza de ánimo con la que harías un crucigrama. Simplemente hazlo de manera recreativa y porque no hay nada más que hacer en ese momento.

Pregunta: Yo estaba pensando que construir un coche, o construir esto o aquello, requiere pensamiento analítico.

Ken: Bueno, sí. Eso está bien. Simplemente no pienses que es el Reino de los Cielos. De modo que sí, obviamente si eres un ingeniero, o si eres cualquier otra cosa, hace falta pensar. En este mundo tienes que pensar las cosas. Tan solo no pienses que eso significa algo. De modo que estás construyendo una casa, estás construyendo un puente, estás construyendo una carretera, estás enseñando aritmética en clase. Eres un astrofísico y estás construyendo una nave espacial. Esto no tiene nada que ver con la paz de Dios. No tiene nada que ver con el Reino de los Cielos. Simplemente es algo que los cuerpos hacen.

Pregunta: Otra pregunta sobre la naturaleza. Para mucha gente, la naturaleza es buena, es muy hermosa y muy pacífica. Pero tú dices que en el mundo todo está empapado de sangre.

Ken: Correcto, correcto. No somos tontos. Fabricamos un mundo empapado de sangre que a veces tiene un aspecto muy hermoso. Esto nos dice: bueno, hay belleza en el mundo. Pues bien, no hay belleza en el mundo. ¿Qué nos dice que hay belleza en el mundo? Nos lo dicen nuestros cuerpos. Nos lo dicen nuestros ojos, nuestros oídos, nuestros cerebros. Si estudias otras culturas, te darás cuenta de que la belleza artística en una cultura carece totalmente de significado en otra, y viceversa: la cultura es relativa. Recuerda la famosa declaración: "La belleza está en el ojo del observador". Lo que establece la belleza del mundo es el cuerpo.

No obstante, una vez que fabricamos el mundo y el cuerpo, podemos usar el cuerpo para hacer de él un símbolo de la mente correcta o un símbolo de la mente errada. Podrías usar preciosas escenas naturales o preciosas obras de arte, o lo que fuera, como recordatorio de que la belleza no está fuera, en la forma. A lo que estoy reaccionando es a la belleza de estar en mi mente correcta y de elegir al hermoso Maestro que queda reflejado para mí en esta hermosa pieza musical, o en esta puesta de sol, o en este cuadro, o en lo que sea. Tú siempre quieres ir de fuera adentro, volver adentro, pero el ego siempre quiere que vayas de dentro afuera, y entonces construye un muro sólido para que no puedas volver a la mente.

De modo que fabricamos un mundo precioso y decimos que lo hemos conseguido. Una vez más, las nociones sobre la belleza cambian con los años, o con los siglos, o con los eones. Cambian con el tiempo; cambian de una cultura a otra, lo que nos indica que son relativas. La belleza en la mente es constante. De modo que, una vez más, esto no quiere decir que no debas disfrutar de las grandes obras de arte o de las grandes cosas que hay en el mundo. Pero quieres ver que se trata de símbolos que te recuerdan la belleza interna.

Experiencias corporales

Lo que esto significa a nivel práctico es que no quieres negar tus sentimientos ni tus experiencias. Por favor, no hagas el numerito de *Un curso de milagros* contigo mismo. Porque lo que hacen algunos estudiantes, y es horrible, es decir: bueno, todo esto es una ilusión, por lo tanto, lo que ocurre aquí no tiene importancia. No estoy sintiendo lo que estoy sintiendo porque todo es una ilusión. Lo que estás haciendo ahí es retirarle a Jesús la única cosa con la que puede trabajar.

Es como si un paciente viniera a Freud y le dijera:

—No te voy a contar mis sueños.

—Bueno —diría Freud—, entonces no puedo ayudarte, porque los sueños son precisamente lo que yo uso.

Pero el paciente añade:

—Bien, pues yo no te los voy a contar.

Freud interpretaría esto como que el paciente le está diciendo que no quiere curarse, porque para él los sueños eran el camino real que llevaban a entender el inconsciente. El paciente le dice:

—No te voy a contar mis sueños porque son una tontería.

Y entonces, probablemente, Freud habría respondido:

—Bueno, entonces yo no soy la persona a la que deberías consultar.

En cierto sentido, esto es lo que hacemos con Jesús. Venimos a Jesús en busca de ayuda. Llamamos a la puerta, nos sentamos en su consulta, acordamos pagarle la tarifa que nos pide —a propósito, él lo quiere todo— y luego dice:

—Bien, de acuerdo, cuéntame tus sueños. Cuéntame los sueños que sueñas despierto.

Y tú le respondes:

—No, no, son una tontería. Son ilusiones. No quiero contártelos. Ahí fuera no hay una guerra. Aquí no hay un incendio que está rodeando a la población. No hay enfermedades por ahí. Todo es una ilusión. Sé que todo está en mi mente. Tu libro me lo ha dicho.

Bien, lo que estamos haciendo es privar a Jesús de los únicos medios que podría usar para mostrarnos que tenemos una mente que ha elegido equivocadamente. Así que, sobre todo, no niegues lo que estás pensando y sintiendo. No creas, siguiendo la primera ley del caos, que hay una jerarquía de ilusiones; que hay algunos trabajos que son inferiores al tuyo, que hay alguna parte de tu cuerpo que no está a tu altura, que la persona con la que estás casado está por debajo de ti porque él o ella no estudia *Un curso de milagros*.

Ya en el principio, en el Capítulo 2, él dice que negar tu experiencia física en este mundo es una forma de negación particularmente inútil (T-2.IV.3:11). Lo que en realidad significa: no me digas que tu cuerpo no es real. Yo sé que no es real —comenta— pero tú no lo sabes. De modo que ayúdame a usar tu cuerpo de una manera que te devolverá a tu mente, que es donde se tomó la decisión a favor de lo irreal que después olvidaste.

Siempre me gusta citar, como muchos sabéis, el comienzo de la Lección 155, que dice: tú tienes la misma apariencia que cualquier otra persona. El "tú" al que se refiere la cita sería alguien cuya mente está sanada o alguien que está suficientemente en la mente correcta. Tienes la misma apariencia que cualquier otra persona, sin embargo sonríes mucho más a menudo, tus ojos están tranquilos y tu frente serena (L-pl.155.1:2-

3). Esto significa que no haces nada diferente de lo que hacen los demás. Tienes la misma apariencia que los demás, te vistes como los demás, hablas como los demás, comes como ellos, tienes relaciones sexuales como ellos, gastas dinero como ellos, pagas pólizas de seguros como los demás, conduces un coche como los demás.

Haces lo mismo que la gente normal, pero "tu frente está serena", lo que significa que estás en paz (L-pl.155.1:3). Sonríes con más frecuencia, lo que significa que no te tomas en serio nada de este mundo, es decir, que no le das poder sobre ti. Pero eres como todos los demás. De modo que sé normal. No hagas como que estás cumpliendo con la Lección 194, que dice: "Pongo el futuro en Manos de Dios", ni intentes demostrar que eres un estudiante genial renunciando a las pólizas de seguros. Pongo el futuro en manos de Dios: no me voy de casa sabiendo que el fuego del incendio está a solo treinta metros, pero pongo el futuro en Manos de Dios. Eso es estúpido. Está casi más allá de lo necio. Sé normal. Haz lo que hace la gente normal, porque eso es lo que Jesús usará.

¿De qué sirve un profesor si le niegas su aula y el programa de estudios que iba a enseñar? El aula de clases es nuestra vida, y el programa de estudios, nuestras relaciones especiales. Por eso dice en muchos lugares distintos que este es un curso muy práctico. Se encuentra con nosotros allí donde estamos. No se nos dice que neguemos el mundo. No se nos dice que abandonemos el mundo. Se nos dice que seamos normales en el mundo, pero que seamos normales pacíficamente, que veamos el mundo como nuestra aula de clases. Es nuestra aula; nosotros la hemos elegido. Jesús no nos envía lecciones. Tampoco nos da tareas. Él no ha establecido la clase. Somos nosotros los que hacemos eso. Nosotros escribimos el guion. Solo le pedimos ayuda para verlo de otra manera.

Pregunta

Propósito

Pregunta: ¿Dirías que mi interpretación de un hecho es lo mismo que el propósito que le he dado?

Ken: Sí, sí. Eso es exactamente lo que es. Hay una línea en el *Manual* que dice: recuerda, nunca te enfadas con un hecho. Solo te enfadas con la interpretación de un hecho (M-17.4:1-2). La interpretación es el propósito. Básicamente, solo hay dos propósitos que gobiernan todo lo que ocurre en nuestro mundo personal: el propósito de despertar del sueño, que se cumple a través del perdón; o bien el propósito de permanecer dormido, que se cumple a través del juicio. Estos son los únicos dos propósitos.

Si tú haces algo y lo haces claramente desde tu ego, es algo hostil, agresivo, malintencionado, y si mi propósito es despertar del sueño, yo no consideraré que lo que has hecho me ha afectado. Te ha afectado a ti. ¿Cómo me va a afectar? No puede afectarme. Yo no estoy en tu sueño. Yo no elegí tu ego. Si mi propósito es despertar del sueño y practicar el perdón, lo que significa mirar sin juicio, entonces veo lo que hiciste y digo: "Oh, Susana está teniendo un mal día". Susana estará teniendo el día que esté teniendo, pero lo que dijo o dejó de decir no tiene nada que ver conmigo.

El hecho es que Susana dijo algo desagradable. La interpretación es que Susana me dijo algo desagradable a mí. Y puede que sus palabras estuvieran dirigidas a mí, y tal vez todos los presentes en la habitación la oyeron atacarme, pero, de hecho, ella solo puede atacarse a sí misma, porque es su sueño. Si, por otra parte, mi propósito es permanecer en el sueño, que es lo que consigue el juicio, entonces ataco a Susana, bien directamente porque ella me ha atacado, o bien siendo una víctima inocente. Y todo el mundo en esta habitación habrá visto que Susana me ha atacado; lo cual significa que todo el mundo será llamado a testificar ante Dios para decir: "Ken es inocente y Susana es culpable". Eso es si mi objetivo, mi propósito, es permanecer dormido. Entonces la interpretación es: "Susana me ha hecho esto".

Eso es una mentira. Ella no me hizo eso. Ella se lo hizo a sí misma. Ella proyectó. Incluso si lo que dijo con respecto a mí es verdad, su ataque solo podía venir porque ella se sentía culpable, lo que significa que es su sueño de culpabilidad. Yo no tengo que justificarlo, no tengo que espiritualizarlo. Simplemente tengo que cortar la conexión que haría mi ego entre Susana y yo. Lo que ella dijo no me afectó.

Si me afectó, se debe a que yo quería que me afectase: tracé una línea entre nosotros y decidí que su ataque verbal tuviera un efecto sobre mí. Hirió mis sentimientos, me hizo enfadar. Me dolió, hizo que me sintiera culpable. Me sentí deprimido, me sentí inadecuado, no me sentí amado. Sentí esto, lo otro y lo de más allá. Pero esa es mi decisión. Y entonces también es mi decisión unirme al sueño de Susana. El sueño de Susana consiste en culpar y atacar. En esto consisten la mayoría de las relaciones.

Si, por otra parte, estoy en mi mente correcta y tomo la decisión de despertar del sueño, veré el ataque de Susana hacia mí como una oportunidad de decir: ¿Y qué diferencia hay? ¿Qué diferencia hay si es un ataque o no? ¿Qué diferencia hay si Susana dice algo muy amable sobre mí o algo desagradable? Ella no está hablando de mí. Si es amable y amorosa, es porque ha elegido su mente correcta. Si está siendo desagradable, ha elegido su mente errada. ¿Qué tiene eso que ver conmigo? Eso es algo de Susana. Y si yo respondo con bondad, estoy en mi mente correcta. Si respondo de manera desagradable, estoy en mi mente errada. No tiene nada que ver con ella. Lo que ella ha hecho no tiene nada que ver conmigo.

Esto lo simplifica todo porque es el principio del fin del ego. Ahora puedo caminar por esta tierra y ser impermeable a lo que suceda a mi alrededor. No insensible; impermeable en el sentido de que no afecta a mi paz ni a mi falta de paz. Si no estoy en paz se debe a que le he dicho al Maestro de la paz que se pierda. Y si estoy en paz, le he dicho: "Lo siento, vuelve". No tiene nada que ver con algo externo.

Cuando examinas esto y lo entiendes, es muy liberador y te sientes maravillosamente porque ahora hay esperanza. Pero, a continuación, lo que ocurre muy rápidamente es que nos sentimos aterrorizados. ¿Cómo sería para mí pasar el día sin expectativas, sin necesidades, sin pedir nada a nadie, sin estar ansioso, sin estar preocupado, sin estar molesto y teniendo mi mente serena veinticuatro horas al día, y con una sonrisa amable? Eso no significa que esté sonriendo físicamente en todo momento. Sin embargo, tener una sonrisa amable que abrazara a todo el mundo, ¿no sería maravilloso? Bien, no tan rápido. No sería maravilloso porque esa no es la persona que creemos ser.

Todos conocemos la frase: ¿Preferirías tener razón o ser feliz? (T-29.VII.1:9). Bueno, queremos tener razón, porque eso es lo que nos hace felices, y no nos damos cuenta de que nos hace muy infelices. ¿Y con respecto a qué tenemos razón? El mundo es un lugar terrible, lleno de gente terrible. Mira a todas las pobres e inocentes víctimas.

Por eso, como sociedad, nos encanta oír hablar de tragedias, razón por la cual eso es casi lo único de lo que se oye hablar en las noticias. Nos encanta oír tragedias. Cuando hay un huracán o ha habido un montón de incendios, se convierten en noticia nacional, incluso en noticia internacional, eso es todo lo que encuentras en las noticias. ¿Por qué la gente sigue viendo las noticias? Porque es la historia de la víctima y el victimario, y nuestros corazones van a las víctimas, porque eso refuerza nuestro caso. No nos importan las personas que murieron o perdieron sus hogares en los incendios. No nos importan las personas que pierden la vida por millones en Irak o Palestina, o Israel, o Irán, o África. No nos importan. ¿Qué tiene eso que ver conmigo?

Pero sí me importan cuando me identifico con ellas. De modo que solo estoy usándolas. Sentir pena por ellas es usarlas. Mi odiosa venganza hacia los agresores de lo que denomino un pecado es usarlas. Quiero ver víctimas y victimarios por doquier a mi alrededor, y me identificaré con las víctimas. Y no me estoy dando cuenta de que, una vez más, esto es un ejemplo del retorno de lo reprimido de Freud. Son estos pensamientos reprimidos, que se han abierto camino hasta la conciencia, que han salido al mundo, y los veo ahí fuera para no tener que verlos dentro.

El propósito de la proyección

Freud nunca habló de la naturaleza de la proyección, en el sentido de que tiene un propósito, tal como explica el Curso. Para él, era como un estado natural. Tenían estas fuerzas instintivas casi vivas, que tenían su propia mente que quería liberarse, y no podían hacerlo debido a la fuerza de la resistencia. De modo que tenían que encontrar vías indirectas. Una vez más, repito la frase que usó de Virgilio: "Si no puedo doblegar a los poderes superiores, moveré el poder infernal". Si no puedo ir a por ti directamente, lo haré indirectamente. Y simplemente sucedió así.

En el Curso, Jesús nos da un propósito específico. Esto [la proyección] forma parte de la estrategia del ego. Así es como el ego contraataca. Está aterrorizado ante la gran amenaza que supone el poder de la mente para elegir. Este es el temor mortal del ego, porque el poder de elegir que tiene la mente es lo que le dio su existencia. Y, con la misma facilidad, ese poder puede extinguirlo. Lo único que tiene que hacer [la mente] es cambiar de elección, y es el fin del ego; lo que significa que yo, como ser separado, como individuo, como un yo único y especial, también estoy acabado.

De modo que contraataco al enemigo, que no es el Espíritu Santo. El enemigo es el tomador de decisiones en la mente. Ese es el enemigo. Y lo contraataco negándolo y anulándolo; convirtiéndome en un ser sin mente. Fabrico esta fuerza instintiva llamada culpa, que procede de mi recuerdo de haber asesinado al Padre. Y después me libro de ella proyectándola, y ahora aparece disfrazada. Y este es el propósito. A esto es a lo que me refiero de manera general como *la estrategia del ego*. Lo que le amenaza es el poder de la mente. Y contrarresta dicha amenaza haciendo que no tengamos mente. Es una estrategia muy, pero que muy brillante.

A continuación, lo único que se necesita para mantener la estrategia intacta es seguir proyectando, sin saber nunca que lo estamos haciendo. Y así pensamos que ahí fuera hay algo. Aquí es donde el trabajo de Freud es de la máxima importancia. Porque él nos está diciendo: lo que ves, lo que piensas que está fuera, las conductas físicas y verbales que tú crees que son reales y significativas fuera, no son sino una proyección de lo que está dentro. Es el retorno de lo reprimido. Y tú debes volver de la expresión externa, de la fachada, a lo que está detrás de ella.

En el lenguaje del Curso, debes volver del cuerpo a la mente. Debes volver de estar sin mente a tener mente. Y todo lo que hacemos tiene como propósito impedirnos llegar a eso. Para eso sirven las relaciones especiales. Continúan enraizando nuestra atención fuera, fomentando esta necesidad que creemos tener y que solo puede ser satisfecha por otras personas, por otras cosas, por sustancias.

Lo que el mundo denomina adicciones solo son formas específicas de las relaciones especiales. No me siento en paz dentro porque arrojé la paz lejos [de mí], y ahora no soy consciente de ello. Pero con una botella, con una aguja, con la comida, obtengo paz. Si bien esto no dura mucho, no es muy distinto de decir que tengo una relación especial con una persona. Cuando estoy con esta persona, me siento en paz. Cuando obtengo un aumento de sueldo, me siento en paz. Cuando a mis hijos les va bien en la escuela o se casan bien, según mi valoración, me siento en paz. Con mis nietos me siento en paz y feliz, etc. Todo es lo mismo.

Lo que negamos es la necesidad de ver una carencia dentro, y lo que arrojamos lejos es la compleción. Y decimos: "Dios no puede completarme, pero esta persona sí; esta sustancia sí; este libro sí". Lo único que tenemos que hacer es observarlo. No lo cambies, no luches contra ello, no te resistas a ello. Simplemente míralo. Y este mirar es lo que nos ayudará a ir más allá de ello.

En el Curso, "mirar" significa mirar sin juicio. Si miras con juicio, eso no es mirar. Eso es juicio. El Curso dice: "Puedes elegir ver o juzgar, pero nunca ambas cosas" (T-20.V.4:7). Eliges una o la otra. Recuerda que este coche, cuando le metes la marcha, solo puede ir hacia adelante o hacia atrás. Es lo único que hace. O bien vas hacia delante con la visión, o hacia atrás con el juicio. La visión o el juicio son tus dos únicas opciones, pero nunca ambas. Visión significa mirar al ego sin juicio. Juicio significa, obviamente, mirar con juicio. El juicio da realidad al ego, el tuyo y el de otros. La visión dice que no hay juicio. Allí no hay nada que juzgar.

La relación entre la negación y la proyección

Permíteme que te lea una línea. Está en el Capítulo 2, muy al principio. Su contexto es la sección titulada "La Expiación como defensa". Es uno de esos "bellos" lugares del Curso donde Jesús habla de intentar ayudar a Helen y Bill, y de educarles en que hay otra manera de mirar las defensas, y otra manera de mirar la negación. La negación es una de las defensas más primitivas del ego. Simplemente haces como que crees que algo no está allí; esto es la represión. Pero la negación del Espíritu Santo consiste en negar la negación del ego. De modo que aquí está la frase, que indica la relación entre represión y proyección.

(T-2.II.2:5) Negar el error es una sólida defensa en favor de la verdad [este es el sentido positivo de la negación]**, pero negar la verdad da lugar a creaciones falsas: las proyecciones del ego.**

En una sola frase tienes la conexión entre represión y proyección. Cuando negamos la verdad eligiendo al ego, nos sentimos abrumados por la culpa porque hemos vuelto a pecar, lo que nos recuerda el pecado original. Y aquello que reprimimos, debemos proyectarlo. La comprensión de Freud con respecto a esto es que el inconsciente, estos impulsos libidinales, estos sentimientos instintivos, solo quieren encontrar expresión. Está presente esta movilidad ascendente [la tendencia hacia la expresión]. Los sentimientos instintivos siempre están agitándose por dentro, intentando salir. El Curso no ve esto como algo que simplemente ocurre, sino que tiene un propósito. Esta tendencia de los instintos a salir fuera es la proyección, a la que en las primeras secciones del Curso se la llama *creación errónea.* La Creación es la obra del espíritu; la creación errada es la obra del ego. La Creación es extensión; la creación errada es proyección.

(T-2.II.2:5) ...negar la verdad da lugar a creaciones falsas: las proyecciones del ego.

Ahí, en una frase, se plasma la relación entre la represión o la negación y la proyección. Para ampliarlo un poco más: cualquier cosa que niegues o reprimas, debes proyectarla. Esto simplemente es una ley de la mente dividida. Freud no la inventó, solo la descubrió. Cualquier cosa que esté en la mente, debes librarte de ella, porque eso es lo que hacemos. Asimismo, cualquier cosa que está en la Mente de Dios, Él debe extenderla: el Amor extendiéndose a Sí Mismo. Cualquier cosa que esté en la mente del ego, este debe proyectarla. Es la misma dinámica.

La mente simplemente extiende lo que ella es. Cuando es amor, lo llamamos extensión. Cuando es culpa, lo llamamos proyección. Hago la culpa real en mi mente y tengo que librarme de ella, porque el ego me dice que la culpa significa que seré castigado. De modo que la proyecto fuera. La culpa fabrica culpa. Ahora la culpa está en ti, y este "tú" no tiene necesariamente que ser una persona. Puede ser cualquier cosa del mundo, cualquier cosa del entorno, cualquier organismo del gobierno, como la agencia tributaria: elige quién es tu *hombre malo*. Pero no soy yo.

En el Capítulo 27, se dice: "...de entre las numerosas causas que percibías como responsables de tu dolor y sufrimiento, tu culpabilidad no era una de ellas" (T-27.VII.7:4). La causa de nuestro sufrimiento no es algo externo; la causa de nuestro sufrimiento es la culpa. Y, en realidad, esto significa que la causa de nuestro sufrimiento es la decisión de nuestra mente a favor de la culpa, porque la culpa, al no ser nada, no puede causar nada. Pero cuando elijo la culpa, la hago real y le doy mi poder. Mi mente tiene el poder. El único poder que hay en el universo ilusorio es el poder de la mente para elegir. Primero damos este poder a la culpa del ego, que ahora se vuelve todopoderosa, porque dice que Dios me castigará. Después me libro de ese poder y digo que la culpa me rodea por todas partes, y miro al poder que ella tiene sobre mí.

Impotencia: el propósito de la proyección

El propósito de la proyección, el propósito del mundo, el propósito de nacer en un cuerpo, es no tener poder; y es el mundo el que tiene el poder. El poder está en la mente y solo en la mente. Pero negamos esto y luego creamos erróneamente. Fabricamos un mundo y fabricamos cuerpos, y decimos que el mundo tiene poder sobre mí.

Al comienzo del Capítulo 13, se dice: "El mundo que ves es el sistema ilusorio de aquellos a quienes la culpa ha enloquecido" (T-13.in.2:2). Elegimos la locura del ego en lugar de la cordura del Espíritu Santo. La locura dice: "He pecado contra Dios. Me he separado de mi Fuente. He logrado lo imposible". La culpa establece que he hecho exactamente esto. En realidad, el pecado y la culpa son primos hermanos. Y a continuación, proyecto esa culpa hacia fuera, y eso es el mundo. *El mundo es el sistema ilusorio de aquellos a quienes la culpa ha enloquecido.*

Como las ideas no abandonan su fuente, la culpa en mi mente es la culpa en el mundo. Porque la culpa en el mundo nunca ha abandonado la culpa en mi mente; la única diferencia está en la experiencia. Aunque la culpa sigue siendo real, como cuerpo la veo en todos los demás. ¿Qué ocurre en la mente de un bebé cuando no le alimentan a tiempo y comienza a llorar? "No es culpa mía. Mi estómago tiene hambre; está vacío. ¿Dónde está mamá? No es culpa mía". La vida comienza así. ¿Por qué, si todo tiene un propósito y es nuestro sueño? Porque el bebé no tiene poder; el bebé *no tiene poder.*

Freud, y prácticamente todos los psicoanalistas después de él, al menos hasta el periodo de posguerra, alimentaban esta misma ilusión porque decían: "El niño es el padre del hombre". Cualquier cosa que me haya ocurrido hasta cumplir cuatro, cinco o seis años lo va a controlar todo. Bien, un niño no tiene poder, lo que significa que la impotencia que sentí de niño —y por la que he sido moldeado por mi familia y por mi constitución genética— determina todos los aspectos de mi vida. Yo no tengo poder. ¿Y cómo podría deshacer un camino que ya se completó? Quiero decir que, desde el punto de vista del ego, [su estrategia] es brillante, *absolutamente brillante*. Todas las cosas de este mundo son brillantes desde el punto de vista del ego, porque todo forma parte de una brillante estrategia para mantenernos en un perpetuo y continuo estado sin mente. Si no tengo mente, no hay manera de que pueda cambiar mi manera de pensar. La única salida es pedir ayuda a nuestro nuevo Maestro para mirar al mundo de otra manera y darme cuenta de que el mundo no tiene poder sobre que yo me sienta en paz.

Un paso intermedio —que es más que solo un paso y en realidad es un estado, y además un estado muy importante— es: antes de darme cuenta de que todo es una invención, puedo empezar el proceso de aprender que no soy mi cuerpo, aunque me sienta como un cuerpo. ¿Cómo ocurre esto? Puedo estar molesto, puede ocurrir que algo vaya mal: no consigo el trabajo que quería, o no consigo la relación que quería, o hay microorganismos que me infectan, etc., pero todavía puedo estar en paz. Esta es una posibilidad. Puedes aprender a estar en paz si lo deseas.

Aunque por una parte tu cuerpo siente dolor, y por otra tu bolsillo también siente dolor porque acabas de perder el trabajo o tu casa, aun así, todavía puedes estar en paz. Esta no siempre es una lección fácil, pero esta es la lección. Ese es un estado intermedio; sigues estando identificado con el cuerpo, porque tu cuerpo siente dolor, pero estás empezando a aprender: todavía puedo estar en paz. Esto requiere práctica y vigilancia, pero, sobre todo, requiere que estés dispuesto a hacerlo. Este estar dispuesto a aprender la lección es lo que finalmente te liberará y te devolverá a la mente para que puedas volver a elegir.

Preguntas

El juicio del Espíritu Santo

¿Alguien quiere plantear alguna pregunta o comentario antes de que sigamos dos horas más?

Pregunta: ¿Has dicho que solo hay dos propósitos?

Ken: Sí, podría haber dicho eso.

Pregunta: El primero es despertar a través del perdón... y después me he despistado. ¿Puedes repetir cuál es el otro propósito?

Ken: El otro propósito es seguir dormido, y esto se consigue conservando los agravios o los juicios. El primer propósito es despertar del sueño a través del perdón. El segundo propósito es seguir dormido a través del juicio.

Pregunta: ¿Dónde está esta argumentación, la argumentación lógica de esto?

Ken: Al comienzo del Capítulo 12. [Risas]

Pregunta: Déjame ver cómo es.

Ken: Está en la página 245[1]. Ahora vamos a ver hasta qué punto soy un adivino, ¿cierto?

1. Segunda edición en castellano, Fundación para la Paz Interior.

Pregunta: Eso es. [Risas]

Ken: En realidad, no es tan impresionante como crees. Solo hay un argumento lógico en todo el libro, y no hay más.

Pregunta: Dinos cuál es.

Ken: Es la sección "El juicio del Espíritu Santo". Ofrece una argumentación muy inteligente. El juicio del Espíritu Santo es que, si hay un ataque, Él lo ve como una expresión de miedo. Y si es una expresión de miedo, es una llamada al amor que ha sido negado. Todo ataque se traduce simplemente como una expresión de miedo, y el miedo se traduce como una llamada al amor que ha sido negado. Lo cual significa: hemos elegido en contra del amor y parte de nosotros quiere ese amor. No sabemos cómo conseguirlo. Nos sentimos abrumados por la culpa de haber elegido en su contra. La culpa se convierte en miedo. El miedo es proyectado y atacamos.

El argumento, entonces, es que si el propósito del ataque es protegernos del temor, y si el propósito del temor es protegernos del amor y mantenerlo fuera de la conciencia, y somos conscientes de que el ataque significa miedo y el miedo significa amor, entonces el propósito del miedo y del ataque ha quedado descartado. Si el propósito del ataque y del miedo es mantener el amor enterrado e inconsciente dentro de nuestras mentes, y somos conscientes de que el ataque significa miedo y los miedos significan que el amor está presente en nuestras mentes, entonces el propósito del miedo ha sido negado. ¿Lo entiendes?

Ahora bien, la premisa subyacente es que el miedo es siempre una llamada al amor que está presente en nuestras mentes, pero que hemos negado. Esa es la premisa. De modo que si ahora soy consciente de ese miedo, y sé que significa que me estoy defendiendo del amor que está en mi mente, el propósito del miedo desaparece. Porque el propósito del miedo era mantener esa conciencia oculta. Bueno, pues ya no está oculta, porque ahora traduzco el ataque como un producto del miedo, y este como una llamada al amor que ya está en mi mente. Por lo tanto, el punto de este argumento es que seamos capaces de mirar nuestro miedo y decir: "Bien, esto ya no tiene sentido, porque ahora entiendo que el miedo significa que el amor está presente en mi mente. El propósito del miedo, que es encubrir este hecho, ahora ha acabado". ¿Está bien así, Jan? ¿Lo ves?

Pregunta: ¿Sabes? Cuando siento que no hay ni una gota de amor en mí, siempre me gusta leer esto, porque casi se puede decir que toda la vileza y el odio en realidad son la evidencia de que el amor está allí.

Ken: Correcto, bien. Sí. ¡Vaya! Dejadme que os lea lo que Jan acaba de decir. Yo intervendré hacia la mitad del argumento. Esto está en la página 247[2] [Capítulo 12] del texto, párrafo 9, frase 5. Esto aparece en medio de la argumentación.

(T-12.I.9:5-6) El miedo y el amor son las únicas emociones que eres capaz de experimentar. Una es falsa, pues procede de la negación [el amor es verdad. Nosotros negamos que el amor esté en nosotros. Ahora nos identificamos con el miedo, de modo que el miedo tiene que ser falso porque el amor es verdadero. Una es falsa, pues procede de la negación]**, y la negación depende, para poder existir, de que se crea en lo que se ha negado.**

Si el significado del miedo es negar el amor, entonces primero debe haber amor para que haya miedo. Si el miedo se define como la negación del amor, el amor tiene que estar presente primero para poder negarlo. Y la negación del amor es el miedo.

2. Segunda edición en castellano, Fundación para la Paz Interior.

(T-12.I.9:7) Al interpretar correctamente el miedo como una afirmación categórica de la creencia subyacente que enmascara [al interpretar el miedo como la afirmación de que el amor está allí; de otro modo, no tendría que enmascararlo], **estás socavando su** [del miedo] **percibida utilidad al hacer que sea inservible.**

Si el propósito del miedo es enmascarar el amor, pero ahora entiendo que cada vez que tengo miedo, o cada vez que soy hostil —porque el ataque significa miedo—, cada vez que ataco o tengo miedo, estoy tratando de defenderme del amor que está en mi mente, y si sé esto, ahora el miedo es inútil, porque se le ha arrebatado su propósito. Su propósito era ocultar el amor, pero ahora yo interpreto el miedo como una afirmación del hecho de que el amor existe. Entonces, ¿qué necesidad hay del miedo?

(T-12.I.9:8-11) Las defensas que no sirven se abandonan automáticamente. Si haces que lo que el miedo oculta [el amor] **pase a ocupar una posición inequívocamente preeminente, el miedo deja de ser relevante. Habrás negado que puede ocultar al amor, lo cual era su único propósito. El velo que habías puesto sobre la faz del amor habrá desaparecido.**

No solo es el miedo el que es una defensa contra el amor; también lo es el ataque. Como tengo miedo, entonces lo proyecto fuera y digo: "Tú me vas a atacar". De modo que el ataque es una expresión de miedo, y el miedo es una defensa contra el amor que ha sido negado. El punto que ha indicado Jan es lo reconfortante con respecto a esto, y se da cada vez que tienes un pensamiento del ego: estás enfadado, te muestras hostil, estás deprimido, tienes miedo... puede ser cualquier cosa. Si recuerdas esto, te dirá que ese estado de ánimo tiene un propósito. Es una defensa contra otra cosa que es real y está en mi mente. De no ser así, no tendría que atacar.

Nadie que experimente el Amor de Dios podría tener miedo ni podría atacar a otro. Eso es imposible. Ahora bien, la premisa es que el amor está en nuestras mentes. El amor está allí. De modo que si estoy atacando, si me estoy mostrando hostil, si estoy siendo desagradable, si estoy juzgando, si digo a la gente que son unos bastardos, eso es el retorno de lo reprimido. Yo lo reprimí y ha vuelto de esta manera. Si hago algo hostil, o si tengo miedo, estoy ansioso, o cualquier otra cosa, solo puede ser porque estoy usando este estado como una defensa contra el amor que está en mi mente.

El propósito de la defensa es mantener oculto el amor, porque si fuera consciente de él, ciertamente lo elegiría. A nadie le gusta sentirse molesto. A nuestros egos les gusta, pero, en el fondo, no nos gusta estar molestos, o heridos, o dolidos, etc. El propósito de nuestras defensas es mantener oculto lo que están defendiendo. Esta sección desvela en qué consisten las defensas. Una vez desvelado, nos damos cuenta de que el recuerdo del amor es la única realidad dentro de la mente dividida. Todo lo demás es una defensa contra ella.

Ahora bien, la otra parte del argumento es que, si esto funciona para mí, también debe funcionar para todos los demás. Lo que significa que, cuando me atacas, como Susana hizo tan hostilmente esta mañana: ¿Recuerdas cuando me atascaste tan hostilmente esta mañana? [Risas] De modo que, cuando alguien te ataca y tú estás en tu mente correcta, te das cuenta de que su ataque viene del miedo, y su miedo viene de la necesidad de defenderse del amor que también está en su mente; lo que significa que Susana y yo somos lo mismo.

Ella tiene el mismo amor en su mente. Ella tiene el mismo miedo a ese amor en su mente; y ella y yo tenemos al mismo tomador de decisiones en nuestra mente. ¿Dónde está la diferencia entre nosotros? Si yo la juzgo por atacarme o por decirme algo en tono de ataque, estoy diciendo que ella y yo somos diferentes. Ella es la victimaria; yo soy la víctima. Pero si digo que ella tiene el mismo amor, el mismo miedo y el mismo tomador de decisiones que yo, no hay diferencia. Entonces no puede haber juicio. No puede haber enfado hasta que yo tenga miedo de algo, y entonces vuelvo directamente a mi ego.

Dejadme establecer un punto más en torno a esto. Lo que hace que esta argumentación sea aún más simple que lo que acabo de decir es que ni siquiera tengo que saber si Susana estaba atacándome o no. Porque si ella estaba atacándome, asumiendo que estoy en mi mente correcta, respondería con amor. Le mostraría con mi indefensión y mi paz que ella simplemente ha hecho una elección en contra del amor. En este instante santo en el que hago una elección a favor del amor, refuerzo en ella el hecho de que puede hacer la misma elección que yo.

Cuando estoy cuerdo y ella me ataca, respondo con amor. Digamos que ella no me está atacando. Digamos que ella no está pidiendo amor. Digamos que está expresando amor. ¿Cuál es mi respuesta? Yo la amo. De modo que ni siquiera tengo que saber si ella se está expresando desde el ego o desde el Espíritu Santo. No tengo que saber si ella está atacándome o siendo bondadosa. Lo único que tengo que saber es que mi respuesta siempre es la misma. No tienes que analizar y ni siquiera tienes que saber desde dónde se expresa alguien, porque es totalmente irrelevante.

Si quiero elegir el propósito de despertar del sueño, entonces pediré a Jesús que pueda mirar a Susana, o a cualquier otra persona, a través de sus ojos. Y me daré cuenta de que esas personas en sí son totalmente irrelevantes con respecto al hecho de que yo he elegido al maestro del amor y de la paz. Esto significa que, pase lo que pase a mi alrededor, me mostraré amoroso y pacífico. Si, por otra parte, me gusta este sueño y quiero quedarme en él durante un tiempo, elijo el juicio, que es el medio por excelencia para quedarme en el sueño. Y, por tanto, entonces juzgaré a Susana. Pero mi juicio no tiene nada que ver con ella. Guarda relación con la decisión de mi mente de permanecer con el ego en lugar de con el Espíritu Santo.

Reconocer nuestra elección

Pregunta: Estoy tratando de entender esto. Cualquier sentimiento incómodo es miedo. Si empiezo a sentir ansiedad con respecto a algo, ¿tiene sentido que me recuerde que es mi propia petición de amor? Estar ansioso con respecto a cualquier cosa es una elección, y entonces, ¿esto me ayudaría, o ayudaría a cualquiera de nosotros, a elegir en su contra?

Ken: Sí. Esto retira el viento de las velas del ego.

Pregunta: Sería un medicamento anti ansiedad disponible de manera inmediata.

Ken: Correcto. Eso es cierto. Es barato. Las compañías de seguros no lo cubren. [Risas]

Pregunta: [Y se puede aplicar] cada vez que sentimos ansiedad, que es algo con lo que tengo que lidiar.

Ken: Es todo una invención, querido.

Pregunta: ¿Es todo inventado?

Ken: Lo siento. Permíteme elaborar un poco sobre el punto que señalaba Trudy. Lo que esto hace es, literalmente, retirar el viento de las velas del ego. Recordad la línea que cité antes: que el pensamiento que no perdona protege la proyección (L-pII.1.2:1,3). El ego quiere defendernos de la idea de que todo es una proyección, porque si realmente lo supiéramos, no nos tomaríamos en serio nada de este mundo. La cuestión aquí es que todo es una proyección de una decisión que toma la mente, y esto es algo que el ego nunca quiere que entendamos. Él quiere que creamos que cualquier cosa que nos moleste aquí es la causa real de nuestro disgusto. No quiere que entendamos que nada de lo que pueda haber aquí nos está molestando.

Ese es el significado de las primeras frases en la apertura del Curso. De hecho, lo primero que oyó Helen después de "Esto es Un curso de milagros, por favor toma notas", fue el primer principio de los milagros. No fue el contenido del libro, eso vino después. Una vez que comprendes el primer principio —"No hay grados de dificultad en los milagros"—, lo entiendes todo. La razón por la que no hay grados de dificultad en los milagros es que todos los problemas son el mismo.

El milagro lleva el problema desde lo externo a la mente tomadora de decisiones. No importa lo que te esté molestando, sea la piel desgarrada alrededor de una uña o un cáncer; sea la inminencia de la tercera guerra mundial o una discusión tonta y sin motivo. No marca ninguna diferencia porque, si me está molestando, se debe a que elegí a mi ego. Ese es el problema.

El primer principio de los milagros es la Respuesta del Espíritu Santo a la primera ley del caos del ego, que en realidad no aparece hasta el Capítulo 23. La primera ley del caos, como he mencionado brevemente esta mañana, es la existencia de una "jerarquía de ilusiones" (T-23.II.2:1-3). Algunas cosas justifican que yo tenga miedo. Las acciones de algunas personas merecen que me enfade y me ponga a la defensiva, lo que significa que hay algo ahí fuera que tiene poder sobre mí, y hay algunas cosas que son más poderosas que otras. Hay algunas relaciones que son más difíciles que otras. Hay ciertas actividades que son más placenteras que otras; y otras que son más dolorosas. Esta es la jerarquía de ilusiones.

Bien, si hay una jerarquía de ilusiones, estamos diciendo no solo que las ilusiones son reales, sino que podemos establecer diferencias entre ellas. Hay buenas ilusiones y malas ilusiones. Que la separación es la realidad, que la fragmentación es verdad, que la diferenciación es la regla de la vida... Todo ello es una invención, porque no hay separación, no hay fragmentación, no hay diferenciación. Se nos pide que llevemos cada problema, independientemente de su forma, de vuelta a su causa.

Solía leer con frecuencia el Capítulo 2 del texto, que originalmente estaba pensado solo para Helen. Helen se quejaba a Jesús mientras iba anotando el Curso. Ella quería su ayuda con algo que le daba miedo o le hacía sentir ansiedad. Su respuesta, que a continuación se repitió poco después porque está en la sección siguiente, fue: no me pidas que aleje el miedo de ti. No puedo hacer eso porque yo sé que no existe. Pídeme en su lugar —dijo él— que te ayude a retirar las condiciones que condujeron al miedo (T-2.VI.4:3-4). Y dichas condiciones siempre conllevan el estar dispuesto a —o la decisión de— estar separado, lo cual significa que estaba diciendo a Helen: no me pidas que te ayude con tu problema externo. Ese no es el problema. Pídeme que te ayude a deshacer la causa de tu miedo.

¿Cuál es la causa de tu miedo? La causa de tu miedo es que te separaste de mí, que es lo que él siempre decía a Helen. La causa de tu miedo es que has estado dispuesta a estar separada de mí. Así es como puedo ayudarte, recordándote esto. Esto es lo que decía a Helen y lo que nos dice a todos. Estaba recordándole, justo al principio de la transcripción, cuál es el propósito de todo el Curso. Y, a continuación, lo reiteraba: es recordarnos el poder de nuestra mente para elegir. Él dijo: “Si te ayudara como tu quieres, estaría despreciando el poder de tu mente”, y a continuación añadió que eso se opondría directamente al Curso (T-2.VII.1:6).

El propósito del Curso es restaurar en nuestra mente su poder de decidir. Independientemente de la causa por la que estemos molestos, temerosos, enfadados, ansiosos o deprimidos, siempre se debe a que expulsamos al Maestro del amor y abrazamos en su lugar al maestro del miedo. Reprimimos esto y después lo proyectamos fuera. Y así es como retorna lo reprimido, disfrazado, de modo que no se parezca a lo que es.

Ahora pienso que está justificado que yo tenga miedo, que esté enfadado, que me sienta molesto, porque todas estas circunstancias externas han sido establecidas cuidadosamente, o acordadas, para disfrazar el hecho de que la única razón por la que estoy molesto es que volví a elegir separarme del amor. Y como lo elegí, con la misma facilidad puedo elegir volver al amor. Esto lo simplifica todo. Y no permite que justifiquemos, de ninguna manera ni por ningún medio, cualquier sentimiento que tengamos de ser tratados injustamente, o de ser víctimas, o de sentirnos heridos, o cualquier otra cosa.

¿No estaría justificado el temor en términos de autopreservación?

Pregunta: ¿Y en términos de autopreservación? Si estás caminando por el borde de un precipicio, si te asalta un atracador, o algo así.

Ken: ¿A qué te refieres?

Pregunta: Bueno, parece que estás diciendo que el miedo, en términos de ataque, es que alguien te grite.

Ken: Déjame decir dos cosas. Déjame acabar la segunda cosa antes de que me ataques por la primera. La primera cosa es que, cuando hablas de "autopreservación", ¿qué es este yo que estás preservando? Estás preservando este cuerpo. Ahora, la segunda cosa es: esto no significa que no debas impedir caerte por un precipicio, o que no trates de desarmar al atracador, o que no hagas cualquier otra cosa. Si estás en tu mente correcta, actuarás de esa manera sin ira, sin juicio y sin miedo; porque el hecho de atacarte no está ayudando al atracador. Eso no es bueno para su camino de Expiación, por no hablar del tuyo.

Pregunta: En ese caso, ¿no estaría justificado el miedo? Digamos que estás a punto de caer.

Ken: Bien, está justificado en la medida en que sabes que eres un cuerpo. Si no eres un cuerpo, sino una mente, ¿qué es caerse por un precipicio? Ahora bien, yo no animo a la gente a hacer eso ni a practicarlo con otra persona, lo que podría ser mucho más atrayente. Pero si quieres entender de qué va todo esto, tendrías que preguntar: "¿Qué es el yo que estoy tratando de preservar?". Ahora bien, como muy pocos de nosotros, si es que hay alguno, está en el punto de poder decir "yo no soy este cuerpo", entonces sí, querremos impedir que ocurra algo de ese tipo. Pero podrías impedir que eso ocurriera tratando de hacerlo de la manera más pacífica posible.

Control

Pregunta: ¿Puedes decirnos cómo controlar cuando entramos en nuestra mente errada? ¿Es ahí donde tratamos de controlar los resultados porque estamos intentando preservar... es como una defensa contra lo que sabemos que haríamos si fuéramos a nuestra mente correcta?

Ken: Sí. ¿Pero quieres que diga algo más sobre esto?

Pregunta: Sí.

Ken: ¿No estás tratando de controlar mi respuesta, o sí?

Pregunta: No. Si no quieres decir nada, también está bien.

Ken: Sí, pero entonces me sentiré culpable. El control siempre es un intento de defenderse ante el poder de nuestra mente de elegir el amor, lo que significa que el ego siempre quiere tener el control. Porque, si no tiene el control, la mente del Hijo de Dios volverá fácilmente al Espíritu Santo. Ese es su miedo. Porque esa es la única respuesta natural que podemos tener, ya que el Espíritu Santo es el único Maestro de nuestra mente que dice la verdad. El ego, a fin de controlarnos para que no hagamos eso, hace todo tipo de cosas.

El ego inventa una historia de miedo, pecado y culpa, y nos dice que es verdad. Y después dice: bien, esa es la verdad y tú necesitas una defensa contra eso; y yo tengo la defensa perfecta para ti. Vamos a fabricar un mundo y un cuerpo, y vamos a alejarnos más y más de la mente. Todo esto es control. Cuando hablamos de personas "obsesionadas por el control", hay que decir que todos estamos obsesionados por el control. Como ego, nuestro miedo es que, si soltamos el control, la mente del Hijo de Dios, nuestra mente, elegiría al Espíritu Santo y corregiría el error, y entonces el ego desaparecería. El control, por tanto, es parte natural del arsenal del ego. Cuando estás totalmente en paz, no hay nada que controlar.

Nuestra necesidad de controlar a otras personas, por ejemplo, se basa en la misma idea, solo que se expresa al nivel del cuerpo. Mi necesidad de controlarte es porque si no lo hago, es posible que haga algo que no me guste. Por ejemplo, si quiero que me ames siempre y me prestes atención, trataré de controlar tu comportamiento y tu manera pensar dándote lo que deseas. En cierto sentido, estoy controlándote reforzando las cosas que necesitas para que tú, a cambio, me des lo que yo necesito. O puede que tenga miedo de que si no te controlo, te enfadarás conmigo y me harás daño o te irás de mí.

De modo que el control siempre está basado en el miedo, lo que significa que he elegido en contra de la paz de Dios. Porque si estoy identificado con esa paz y experimento ese amor dentro de mí, no me importa lo que hagas o dejes de hacer con respecto a mí. No necesito que seas de cierta manera y te doy perfecta libertad, tal como tú me has dado perfecta libertad para responder a la pregunta. Te doy perfecta libertad para que seas como quieras ser. Porque hagas lo que hagas, yo seguiré descansando en la paz de Dios.

Está esa maravillosa y preciosa Lección 109 del *Libro de ejercicios*, "Descanso en Dios". La lección está escrita de una manera muy hermosa. Pero lo más amoroso es la idea de que, pase lo que pase, cuando descanso en Dios, no importa lo que ocurra a mi alrededor. Porque, cualquier cosa que ocurra a mi alrededor ocurre alrededor de mi cuerpo; no tiene nada que ver con mi mente. Si mi mente está descansando en la paz de Dios, ¿qué diferencia hay? Nada podría afectar a eso. Esto te da —quien quiera que sea este "tú" en mi vida— la libertad de ser quien quieras ser. No necesito controlarte, no tengo que hacer que me ames, no tengo que hacer que me des una nota o una puntuación alta, no tengo que hacer que me promociones en el trabajo. No necesito que seas nada ni que hagas nada, por lo tanto no hay necesidad de controlar.

Pregunta: El control también es la sensación de intentar controlar el tiempo. Me refiero a que esto es un aspecto.

Ken: No sé a qué te refieres con lo de controlar el tiempo.

Pregunta: Bien, mientras tratamos de controlar a la gente, parece que estamos enmarcados en el tiempo.

Ken: Sí, claro.

Pregunta: Y si estamos tratando de controlar el futuro, entonces...

Ken: Sí, absolutamente, por supuesto.

Pregunta: En lugar de elegir la paz...

Ken: La paz está solo en el presente y, a continuación, no hay futuro. No tengo que preocuparme por el futuro. Mi necesidad de controlarte dice: "Sí, me amas hoy, ¿pero qué hay de mañana o pasado mañana? Me has dado una buena nota en este trabajo, pero ¿qué pasará en el siguiente?". Todo este tema del control es muy importante cuando consideras tu relación con el Espíritu Santo o Jesús, porque, cuando se trata de ellos, llegamos a ser unos obsesos del control. Cuando les pides una ayuda específica, estás controlándoles. Porque, en el culmen de la arrogancia, en realidad piensas que sabes cuál es tu problema, lo cual significaría que también conoces la respuesta a tu problema.

Al pedir a Jesús una respuesta específica para una petición específica o un problema específico, estás controlándole. Le estás diciendo: "Mira, chico, este es mi problema y esta es la respuesta que quiero. Dámela". En efecto, esto es lo que le dijo a Helen. La frase que usó con ella, relacionada con que ella le pedía ayuda específica, fue: "Estás tratando de hacer que yo sea más manejable". Esta es otra manera de hablar del control. Ella estaba tratando de manejarlo. Eso es lo que haces cuando pides a las personas ayuda específica, y nadie piensa que esto sea arrogante. Pensamos que es maravilloso, pensamos que es santo, pensamos que es espiritual, pensamos que eso es lo que se supone que hemos de hacer. Bien, ¿cómo leches sabes lo que necesitas? Solo la arrogancia del ego soñaría que lo sabe.

¿Cómo sabes lo que necesitas ahora? ¿Cómo sabes cómo encaja eso en tu camino mayor de Expiación? ¿Cómo sabes cuál es tu verdadero programa de estudios? No hay manera de que puedas saberlo. De modo que, en realidad, lo que estás haciendo es volver a representar el momento original en el que todos tratamos de controlar a Dios, y en esto consiste escribir libros sagrados. Escribimos un libro sagrado que le dice a Dios cómo debería ser, cómo debería pensar. A propósito, esta es la tercera ley del caos, que Dios se cree lo que le decimos (T-23. II.6:5-6). Bien, ¿de qué Dios crees que está hablando Jesús? Él se está refiriendo al dios bíblico, que cree que su hijo es un pecador. Así es como tratamos de controlar a Dios, y obviamente también trataremos de controlar a Jesús y al Espíritu Santo, sin darnos cuenta de que lo hacemos.

Por eso, el anexo *El canto de la oración*, que la mayoría ya conocéis, es muy claro sobre no pedir cosas específicas. Ese anexo se escribió un año después de la publicación del Curso para corregir lo que ya estaba ocurriendo. La gente estaba pidiendo cosas específicas y pensaba que el Curso iba de eso. La única cosa específica que deberíamos pedir, dice el Curso, es el perdón, porque lo tenemos todo (T-3.V.6:3). El perdón nos recuerda que lo tenemos todo; por lo tanto, no tenemos necesidades. ¿Por qué molestarse en pedir algo que no necesitamos cuando ya lo tenemos todo?

Pero cuando estamos ansiosos, resulta muy tentador pedir ayuda rápidamente. No es pecaminoso y al menos se la estás pidiendo al Maestro correcto, pero eso no te llevará muy arriba en el ascenso de la escalera. Y el propósito de la escalera es ascender e ir a casa. ¿Alguna pregunta sobre esto o el otro tema que Jan ha mencionado?

Pedir cosas específicas

Pregunta: ¿De modo que pedir es, en realidad, partir desde una actitud de miedo?

Ken: Pedir cosas específicas es partir desde el miedo. ¿No te alegras de que ya no lo haces más?

Pregunta: Sí, ahora estoy alegre, aunque no pretendo ser inocente. En realidad, me siendo muy aliviado.

Ken: Bien, es un alivio. No tienes que preocuparte de las cosas específicas. En esto consiste el primer capítulo. El segundo capítulo trata sobre el perdón. Se nos pide que no cometamos el mismo error con el perdón. Y el tercer capítulo es sobre la curación. La curación no es específica. El perdón es no-específico. Pedir ayuda es no-específico.

Pregunta: A partir de este momento, ¿lo que diríamos es: muéstrame el camino, muéstrame con quién hablar y qué decir?

Ken: No le molestes con eso; a él no le gusta eso. Porque su respuesta sería: "¿Cómo sabría yo cuál debería ser tu respuesta?". De hecho, esto también se lo dijo a Helen. En un momento dado, Helen le preguntó: "¿Qué debería decir a esta persona que necesita ayuda?". Tú pensarías que esto es algo perfectamente respetable y espiritual, ¿cierto? Preguntar a Jesús qué debería decir a esta persona que necesita ayuda... Bien, pues es equivocado.

Esa no es la petición respetable y espiritual que uno ha de hacer. Jesús le dijo: "No me preguntes eso. En cambio, pídeme ayuda para ver a este hermano con los ojos de la paz y ausencia de juicio". En otras palabras, pídeme que te ayude a aclarar tu mente. Y, a continuación, dijo: "Y todos los ángeles vendrán en tu ayuda". Una vez que tu mente esté libre del ego, lo que significará que has renunciado al juicio que dice que esto es un problema que necesita solución, el amor en tu mente te dirá automáticamente qué decir y qué hacer. Así que no tienes que preguntar. Estos son mensajes muy, muy importantes que Helen recibió.

Parece que deberías pedir ayuda. Pero la pregunta es: ¿Quién está pidiendo y qué está pidiendo? ¿Es tú persona específica que piensa que existe la que está pidiendo ayuda específica para un problema específico que crees tener, cuando tu único problema es que piensas que tienes un problema? Y tú crees que eres un "tú" que puede pedir a otro "tú" una solución al problema. Ahí es donde está el problema. Jesús pregunta al principio del texto: "¿Quién es el tú que está viviendo en este mundo?" (T-4.II.11:8). ¿Quién es el "tú" que está preguntando en este mundo?

Pregunta: ¿Simplemente sé y deja que llegue la inspiración?

Ken: La idea de ser consciente es ser consciente de tu ego. Sé consciente de lo que está haciendo tu ego. Sé consciente de tu miedo, de tu ansiedad, de tus juicios. Sé consciente de la tentación de ver el problema o la solución como algo externo. Si consiguiera ese trabajo... Si subieran las acciones... Si mi equipo ganara la competición... Si esta persona me dijera que me quiere... Si el informe del laboratorio fuera positivo, es decir, si sale mal... Si... Ese es el problema. Miro mi necesidad de eso y digo: "Chico, estoy volviendo a hacerlo". Solo estoy reforzando el hecho de que creo ser un cuerpo, y creo saber lo que mi cuerpo necesita, cuando el problema es que me he olvidado de que soy una mente. Y lo único que mi mente necesita es que se le recuerde que es una mente que puede elegir.

Pregunta: ¿Poner cosas en el altar? ¿Lo del pasado o lo que está aquí hoy? ¿Simplemente lo ponemos todo en el altar y arrojamos luz sobre ello?

Ken: Lo que llevas al altar es tu ego.

Pregunta: ¿Y eso es todo?

Ken: Eso es todo. Llévalo al altar, después vete. A propósito, cuando el Curso habla del "altar", está hablando de la mente tomadora de decisiones. Ese es el altar. No es algo súper elegante. No es una mesa santa con una tela blanca sobre ella e incienso encendido. Es tu mente tomadora de decisiones. Eso es el altar. Recuerda que hay dos altares. En uno de ellos gotea la sangre cuando elijes al ego. El otro está cubierto de lirios cuando eliges el perdón. El altar es tu mente tomadora de decisiones.

Llevas tu ego al altar, lo que significa que llevas los pensamientos de tu ego a la verdad del Espíritu Santo. Eso es todo lo que haces. Después vete de la ciudad. Ya has acabado. Has hecho tu trabajo porque has limpiado tu mente de la interferencia. El amor con el que eso estaba interfiriendo, el amor contra lo que eso era una defensa, ahora es libre de brillar hacia fuera. Y ese es el amor que te guiará en lo que hagas o digas.

Cuando sigues pidiendo ayuda a Jesús, aunque él es un símbolo de esa luz y de ese amor, en realidad estás negando el poder de tu mente. Pedir ayuda es un buen lugar para empezar, pero esto no acaba ahí. Esos son los primeros escalones de la escalera. Y, obviamente, tienes que empezar ahí para poder ascender, pero no quieres quedarte ahí. Quieres ascender. Pides ayuda a Jesús para que te recuerde que tú eres el problema y que tú eres la respuesta. Cuando llevas el problema a la respuesta, la oscuridad del problema se disuelve en la luz de la respuesta, y entonces la luz simplemente brilla. Y eso se traduce en un conocimiento exacto de qué decir y qué hacer. Sabrás si tienes que cambiar de domicilio o no, si deberías quedarte en una relación o no, si deberías cambiar de trabajo o no, si deberías hacer esto o aquello. No será un problema. Por lo demás, [este proceso] se vuelve cada vez más mágico.

El propósito de Jesús es ayudarte a sanar tu mente. Eso es todo. Y sanas tu mente de la elección errada a favor de la separación. Esto te simplifica la vida. No tienes que molestarle con todas esas preguntas, porque todos los problemas son el mismo. Una vez más, si estás en presencia del amor que Jesús representa, no puede haber pensamientos de ira, no puede haber pensamientos de miedo, de depresión, de expectativa, no puede haber pensamientos de nada. En la presencia de ese amor, todo es calmado, fácil, ecuánime.

Por lo tanto, cuando las cosas no son fáciles, calmadas ni ecuánimes, cuando suben y bajan, o cuando tú estás ansioso, enfadado, temeroso, furioso, etc., solo puede ser porque te has alejado de ese amor. Lo que significa que el problema nunca es aquello por lo que creo estar enfadado, molesto o ansioso. El problema es que me he alejado del amor. Y el Curso me ayuda a entender por qué lo he hecho. En la presencia del amor, mi yo especial desaparece: mis problemas, mi historia pasada de abusos, mi historia pasada de victimismo, mis inadecuaciones a las que he culpado de todo, mis fracasos; todo eso se va. Bien, entonces, en mi pensamiento retorcido, eso significa que yo también me he ido. Y entonces no queda nada.

El terror a la nada, que me dice el ego que será mi destino, es lo que me hace volver al ego. Y ahí es cuando nos encanta odiar, nos encanta juzgar, nos encanta estar ansiosos, nos encanta sacar el pasado y decir que por eso estoy tan molesto. Si... si... si la gente me hubiera tratado de otra manera, no estaría en el lío en el que me encuentro ahora. Esto es lo que hace que el Curso sea muy simple. Soy el gobernante de mi universo. Puedo elegir gobernar con amor, bondad y amabilidad hacia mí mismo y todos los demás, o puedo elegir gobernar con juicio, odio y miedo.

Simplemente, mantenlo muy simple, porque al final del viaje, en lo más alto de la escalera, te das cuenta de que no hay una voz separada. La Voz del Espíritu Santo, la presencia de Jesús, eres tú. De otro modo, solo estás creando más separación en tu historia. Ahora bien, es al final de la escalera donde tomas conciencia de esto. Y lo que te ayuda a llegar allí es darte cuenta cada vez más de que esta presencia amorosa no solo está en ti, ella *es* tú.

De hecho, en un lugar al comienzo del texto, Jesús dice que el Reino de los Cielos no está en ti, sino que *eres tú* (T-4.III.1:1-4). En el mundo real no hay personas separadas. No hay Jesús. Él es una ilusión. Pero es una ilusión de la mente correcta que corrige nuestra ilusión de la mente errada. Nosotros somos una ilusión de odio, juicio y sufrimiento. Él es una ilusión de amor y paz. Le elegimos como corrección para la ilusión de la mente errada. Pero, en algún momento, tengo que darme cuenta de que yo soy esa presencia de amor y paz de la mente correcta. Es de esa presencia de la mente correcta de la que elegí defenderme. Y protejo mi elección a favor del ego, asegurándome de que nunca pueda volver a elegir y me fabrique a mí mismo sin mente.

Ayuda con el problema subyacente

Pregunta: ¿Entonces, cuándo vengo a ti...?

Ken: ¿Con un pastel?

Pregunta: Con un pastel y un problema específico, ¿estoy tratando de gestionar mi relación?

Ken: Estás tratando de negar tu responsabilidad por haber decidido a favor de tu ego. Lo siento. Ahora bien, esto no significa que cuando alguien venga a ti buscando ayuda, le digas lo mismo que te acabo de decir. Generalmente esto no es amoroso ni amable ni útil. Si alguien acaba de perder su casa en un incendio, no le digas: "¿De qué te preocupas? Tu verdadero hogar está en el Cielo. Y eso no lo has perdido". Eso no es muy amable. Ciertamente, no es muy bondadoso ni agradable. Pero tú puedes saber que eso es verdad. No tienes que compartir su agonía, o su dolor, o su ira, o su miedo, y al mismo tiempo puedes ayudarle. Pero te das cuenta de que lo que realmente estás haciendo es distinto de lo que parece que estás haciendo. Nunca juzgues por la forma.

Pero sí, hablando estrictamente, lo que estás haciendo al venir con un problema específico es intentar negar el hecho de que el problema es la decisión de tu mente a favor del miedo, porque tienes miedo del amor. Al sentir culpa por lo que has hecho, tienes miedo de que se te castigue por tus pecados, entonces la reprimes, la proyectas fuera, y ahora crees que es otra cosa. Y entonces vas a pedir ayuda a alguien: "Por favor, ayúdame con este problema". Cuando el miedo se haya calmado lo suficiente, entonces podrás permitirte ser ayudado a trabajar la forma del problema, volviendo así al verdadero problema.

Pregunta: El problema, tal como lo veo, es que siempre estoy siendo victimizado.

Ken: Sí, el tuyo y el de cualquier otra persona.

Pregunta: ¿El camino de vuelta sería ver que yo mismo he montado el problema para sentirme victimizado, o bien darme cuenta de que, en último término, el problema acaba volviendo directamente a mí?

Ken: En último término. Pero has de tener el valor de trabajar con el problema percibido. Esto se convierte en un camino real que te ayuda a volver al verdadero problema. Una vez más, no quieres negar la percepción que tienes de tu problema, o de tu experiencia de tu problema, como tampoco quieres negar los problemas de los demás. Pero no quieras verlo como si estuviera grabado en piedra, míralo como una proyección de tu problema real. Cuando una persona está preparada para ver esto, entonces ayúdale a verlo. Y ya sabes, hasta entonces, ayúdale en el nivel en el que quiera recibir la ayuda.

Pregunta: No he podido evitar darme cuenta de que, en la página 21, dice: "Percibir el cuerpo como un templo es únicamente el primer paso en el proceso de corregir esta distorsión, ya que solo la altera en parte". Me pregunto si este es uno de los juegos de palabras de Bill Thetford.

Ken: No. Creo que esto viene de la famosa frase de san Pablo. "El cuerpo es el templo del Espíritu Santo". El punto de esa sección es que el templo del Espíritu Santo es una relación, no un cuerpo. El altar está en la mente, y ahí es donde está la relación. Creo que este no fue un juego de palabras de Bill. Pero él expresa gratitud por tu pensamiento amable. Bill era muy hábil con los juegos de palabras, a esto es a lo que se está refiriendo Ray.

LA INVERSIÓN EN LA REALIDAD

Quiero mirar con vosotros un texto de la sección 3 del Capítulo 12, el párrafo 6. Aquí se destaca la idea de que la proyección y las formas que asume la proyección no son el problema; el problema es lo que la mente ha elegido, que a continuación hemos reprimido.

(T-12.III.6:1) Identificarte con el ego es atacarte a ti mismo y empobrecerte.

Esto se dice en el contexto de este párrafo sobre la pobreza. Básicamente, la línea declara que la pobreza es del ego. Cuando elegimos al ego, estamos empobreciéndonos, porque estamos rechazando la riqueza del Cielo, que es Amor y vida eterna. Eso es lo que esto significa. De modo que identificarte con el ego es atacarte, porque ahí estamos negando quiénes somos tal como Dios nos creó. Y nos hacemos pobres porque estamos privándonos del tesoro del Cielo.

(T-12.III.6:2) Por eso es por lo que todo aquel que se identifica con el ego se siente desposeído.

Ahora bien, "desposeído" es una palabra cargada. Porque "desposeído" connota claramente que alguien está desposeyéndome de lo que ahora me falta. Eso es lo que significa estar "desposeído", estar privado de algo. Alguien ha cogido esto de mí; alguien me ha desposeído del amor, lo que a continuación niega el hecho de que yo me he privado del amor eligiendo en su contra.

La primera proyección que ocurre dentro de la mente es que creemos que Dios, a quien nosotros atacamos primero, nos va a privar de lo que en nuestra locura creemos que es nuestro por derecho. A saber, Dios nos va a matar. Creemos que Dios nos va a arrebatar la vida que le robamos, y que creemos que nos ha establecido como seres individuales. Y para escapar de la ira de Dios, que significa nuestro fin, nuestra muerte, lo proyectamos todo fuera. A continuación, fabricamos un mundo y un cuerpo. Eso es lo que significa "desposeído". Yo no soy el que me ha desposeído del amor; alguien más lo hizo: primero Dios y después otras personas.

(T-12.III.6:3-4) Lo que experimenta entonces es depresión o ira, ya que lo que hizo fue intercambiar su amor hacia Sí Mismo por odio hacia sí mismo y, como consecuencia, tiene miedo de sí mismo. Él no se da cuenta de esto.

Como ahora lo he reprimido, estoy deprimido, lo cual hace que me sienta desposeído, lo que a continuación justifica mi enfado. La razón por la que estoy deprimido es que soy el que intercambió Autoamor por autoodio. Le dije al amor de Cristo: piérdete, no me interesas. Y, en su lugar, elegí mi propia identidad separada, que ahora se equipara con el pecado, por el cual siento culpa, que es autoodio por esa cosa terrible que he hecho; por la cosa terrible en que me he convertido.

La culpa no solo está diciendo que hice algo equivocado, que es como solemos pensar en ella. Hice algo equivocado, no dije toda la verdad, engañé en mi declaración de la renta, mentí en esta solicitud, o no dije la verdad aquí o allá. Esos son sucesos en los que nos sentimos culpables por algo específico. Pero la culpa es mucho más que eso. La culpa en la mente dice: "No solo he pecado, sino que soy pecador. No solo he hecho algo malo, *soy* algo malo. Y nunca podré sacar esa mancha".

(T12.III.6.:5) Aun si es plenamente consciente de que está sintiendo ansiedad [como muchos de nosotros podemos sentirnos]**, no percibe que el origen de esta reside en su identificación con el ego...**

¿Cuál es la fuente de mi ansiedad? Como Trudy estaba preguntando hace un momento, la fuente de la ansiedad es su decisión a favor del ego. Esto está muy claro. Aun si es plenamente consciente de que está sintiendo ansiedad, no percibe que el origen de esta reside en su identificación con el ego. Este es el problema. Y puedes sustituir cualquier otra palabra por ansiedad: miedo, terror, depresión, enfado, furia. La fuente de todo esto, la fuente de cualquier sentimiento o pensamiento negativo que tengamos, es la decisión de la mente a favor del ego.

(T-12.III.6:5-6) ... y trata de lidiar con ella haciendo algún "trato" demente con el mundo. Siempre percibe este mundo como algo externo a él, pues esto es crucial para su propia adaptación.

Los tratos dementes con el mundo son nuestras relaciones especiales, de las que aún no se ha hablado. Este es el Capítulo 12. No se comentan hasta el Capítulo 15, pero esto apunta hacia ellas. Asumo mi culpa porque mi mente ha elegido en contra del amor y en contra de Dios, y ha elegido al ego, y de esta manera me identifico con el ego; protejo eso y ahora hago tratos dementes con el mundo. Hago tratos. Haré esto por ti si tú haces esto otro por mí.

Hacemos tratos con Dios. La Biblia habla de estos tratos. En esto consisten todos los rituales religiosos cuando se toman en serio, no cuando se usan como un símbolo para llevarte más allá del ritual. Pero cuando se toman en serio, todos los rituales son supersticiones que dicen a Dios: "Yo haré esto por ti y, a cambio, tú me perdonarás. Me darás la bienvenida de vuelta al Reino. Yo te gustaré. Derramarás el éxito sobre mí. Y, a cambio, yo obedeceré tus leyes. Obedeceré tus mandamientos. Rezaré a cierta hora cada día. Así es como lo haré, y así me vestiré". Esto son tratos con Dios. Son tratos dementes.

Cuando los estudiantes de *Un curso de milagros* se esfuerzan por hacer el *Libro de ejercicios* a la perfección, están haciendo tratos con Jesús. Yo seré tu mejor estudiante. Te mostraré lo fiel que soy, lo dedicado que estoy, cuánta vigilancia pongo. Y, a cambio, yo te gustaré y tú me aprobarás. Bien, este es otro ejemplo de intentar hacer que él sea manejable, de intentar controlarle. Todas las religiones formales son intentos de controlar a Dios.

En realidad, cuando lees a Freud, que era muy vehemente con respecto a este tema —para él la religión no tenía ninguna utilidad en absoluto—, descubres que él veía todos los rituales religiosos como formas de conducta obsesivo-compulsiva. Ahora bien, ¿qué es la conducta obsesivo-compulsiva? Cuando alguien se lava las manos demasiado, o las cosas sobre tu escritorio tienen que estar de determinada manera, está contrarrestando la ansiedad. Eso es lo que subyace. Si no tengo el control de lo que pasa ahí fuera, me voy a caer a pedazos por dentro; estaré fuera de control. Entonces tengo este pensamiento mágico e inadaptado de que la manera de controlar mi ansiedad interna, y el hecho de que me voy a desmoronar, es tener todo lo externo de una manera determinada.

Cada cual tiene un poco de esto dentro de sí, pero cuando es más extremo lo llamamos neurosis, una patología, o conducta obsesivo-compulsiva. Bien, ¿qué es el ritual religioso? Si no guardo ciertos mandamientos y ciertas leyes, y observo ciertas conductas, Dios me castigará. De modo que escapo de mi ansiedad haciendo todas estas cosas externas que disiparán mi ansiedad. No es distinto de lavarse las manos compulsivamente.

¿Por qué Lady Macbeth tiene que lavarse las manos continuamente? Porque está tratando de lavar la mancha de la sangre de Duncan, de cuyo asesinato es responsable. Su marido, Macbeth, lo mató, pero fue Lady Macbeth quien le incitó. Y ella dice que ni "todos los perfumes de Arabia" podrían deshacer ese olor. No hay sangre en sus manos. La sangre de la culpabilidad está en su mente. Nada va a absolverla de eso. Y, en realidad, esa sección del manual es una referencia directa a Lady Macbeth (M-17.7:13).

¿Qué hacemos? Hacemos estos actos compulsivos, estos actos supersticiosos, esperando que controlen a Dios. Ahora bien, no hay nada de malo en un ritual. Porque incluso el Curso tiene algunos rituales en el *Libro de ejercicios*. Esto es así siempre que no te los tomes en serio, que no los conviertas en dioses y que no los uses para evitar la ansiedad. Más bien, los usas para ayudarte a ir más allá de la fuente de la ansiedad. Pero cuando se convierten en rituales en y por sí mismos, cuando se vuelven sagrados en y por sí mismos, entonces sabes que está pasando algo más. Y te das cuenta de que estás tratando de librarte de tu miedo y ansiedad de ser castigado, cuando no destruido, manejando o manipulando a Dios o a Jesús a través de estos rituales. Todos estos serían ejemplos de los tratos dementes que hacemos con el mundo.

(T-12.III.6:6-7) Siempre percibe este mundo como algo externo a él, pues esto es crucial para su propia adaptación. [En lugar de adaptación, podríamos decir que esto es crucial para su salvación como ego]. **No se da cuenta de que él es el autor de este mundo, pues fuera de sí mismo no existe ningún mundo.**

Esta es otra de esas afirmaciones metafísicas que aparentemente salen de la nada, y que sentirás la tentación de pasar por alto. Pero si no hay mundo fuera de nosotros, ¿qué estamos tratando de controlar? ¿Para qué estamos pidiendo ayuda a Jesús si no existe un mundo fuera de nosotros? Nosotros fabricamos el mundo. Y esto nos dice por qué: porque "es crucial" para "nuestra adaptación". Es crucial para nuestra salvación como mentes del ego.

Mi mente eligió al ego, se identificó con el ego, y después se sintió aterrorizada de que la misma mente que eligió al ego y el ser especial al que llamo "yo" pueda cambiar de mentalidad, con lo que este yo especial desaparecerá de vuelta en su propia nada. Así que tengo que controlar la mente tomadora de decisiones negándola. Y controlo al Hijo de Dios convenciéndole no solo de que él no es una mente tomadora de decisiones; él no es una mente, él es un cuerpo. Nosotros fabricamos el cuerpo colectivamente, porque todos tenemos básicamente el mismo equipamiento, y fabricamos el cuerpo con el único propósito de que nos mantuviera sin mente.

Esto explica por qué hicimos el cuerpo para que fuera un instrumento tan imperfecto. Siempre está rompiéndose. En primer lugar, siempre necesita comida, siempre necesita oxígeno, siempre necesita agua, necesita compañía, necesita caricias, necesita atención, necesita vestimenta, necesita un techo sobre su cabeza, y necesita dinero para pagar el techo sobre su cabeza y la comida. Y la cosa sigue así y no se detiene. Y todos sabemos que, a medida que nuestro cuerpo envejece, se estropea cada vez más. Nunca funcionó maravillosamente, pero ahora funciona mucho peor. Pues hay una razón para esto.

Puestos a soñar, podríamos haber fabricado el cuerpo como el de un robot, sin necesidades, con una maquinaria que nunca se rompiese; tal vez necesitara ser engrasado de vez en cuando, pero ya está. No tendría que ser alimentado. ¿Por qué no lo hicimos así? ¿Por qué lo hicimos como lo hicimos? Hay un método en nuestra locura: porque esto enraíza sólidamente nuestra atención en el cuerpo y en la situación de este en el mundo.

Hablar de la mente no tiene sentido, estoy muriéndome de hambre. No puedo respirar en ese humo que hay fuera. No quiero saber nada sobre si hay una mente, acabo de perder el trabajo y tengo una familia que alimentar. Estos problemas son muy reales para los cuerpos. Es un montaje muy inteligente. Nuestra atención siempre está fijada, enraizada fuera para que nunca miremos dentro. Nunca nos damos cuenta de que nosotros fabricamos este mundo, *y* de que *no hay mundo fuera de nosotros*. Y acabamos sintiéndonos muy frustrados y desesperados, porque, al final, nos damos cuenta de que aquí no funciona nada y de que nos vamos a morir.

Nos inventamos una doctrina de la vida en el más allá para tener la ilusión de que no morimos, pero no hay una vida en el más allá, porque no hay una vida [aquí] de la que ser la otra vida en el más allá. *No hay vida en el más allá porque no hay vida*. Eso solo perpetúa la ilusión. El alma sigue viviendo. ¿Qué alma? El alma no existe. El alma no está en el cuerpo. La mente, que puedes equiparar con el alma, no está en el cuerpo. El cuerpo está en la mente y nunca ha abandonado su fuente, de modo que está siempre en la mente.

Tienes que pensar en estas cosas a medida que trabajas con el Curso, porque lo que resulta muy tentador, como he comentado otras veces, es disociarse. Leemos lo que dice el Curso (una frase como esta: "...él es el autor de este mundo, pues fuera de sí mismo no existe ningún mundo"), y decimos, "Sí, es verdad". Y la ponemos aquí, en algún rincón de la mente, y a continuación seguimos alegremente adelante pidiendo al Espíritu Santo ayuda específica en un mundo que Él sabe que no existe.

No unimos las dos cosas, y esto es la disociación: mantener las cosas separadas. ¿Por qué no las juntamos? Porque si lo hiciéramos, nos daríamos cuenta de que no hay cuerpo; no hay mundo. Solo hay mente. Solo hay una mente que cree que se quedó dormida; una mente que piensa que está soñando. Todo lo demás es inventado. Todo lo demás es una distracción para que no tomemos conciencia del hecho de que tenemos una mente.

Este párrafo habla de cómo reprimimos aquello que no queremos mirar, que es el poder de nuestra mente. Entonces, la proyectamos fuera. Así es como retorna lo reprimido. Pero ahora viene disfrazado. Y se presenta de tal manera que el poder, que está en la mente, ahora es proyectado afuera y está puesto en el mundo, y eso me deja sin poder. Me deja en una existencia en la que siempre tengo que estar alerta, atento para protegerme. Y al final nunca es suficiente, porque mi cuerpo envejecerá, sufrirá más y finalmente morirá. Los seres queridos que me rodean morirán, ¿qué sentido tiene? Esto lo sabemos bien. Aquí nada tiene sentido, a menos que veas el mundo y tu vida como un aula, cuyo propósito es enseñarte que el mundo no existe, que el cuerpo no existe y que el "tú" está en la mente, no en tu yo físico o psicológico.

Preguntas

Agotamiento

Pregunta: Lo que estás describiendo es una energía casi inagotable. Yo te estoy escuchando y mi cuerpo se siente cansado por la cantidad de trabajo que hace falta para defenderse y mantener toda la situación. Es algo que está incorporado: mantener erguido ese muro consume mucha energía. Creo que me asombra que no estemos más agotados todo el tiempo. Ya me siento agotado escuchándote cuando pienso en lo que estoy haciendo.

Ken: Si yo estuviera sentado ahí fuera, estaría dormido. [Risas] Sí, sé a qué te refieres. Es muy agotador cuando estás luchando contra la verdad; y librando una batalla que sabes de antemano que vas a perder. Es muy agotador.

Pregunta: ¿Sabemos eso?

Ken: Sí. Parte de nosotros sabe eso. Parte de nosotros sabe que vamos a perder la batalla porque estamos luchando para mantener una ilusión.

Pregunta: Es como ir al casino. Todos los juegos están amañados en nuestra contra.

Ken: Correcto, y eso lo sabes de antemano. La locura es que sigues yendo, y yendo y yendo. Seguimos volviendo aquí una y otra vez, intentando encontrar lo que no encontraremos nunca. El Curso dice que la máxima del ego es: "Busca, pero no halles" (T-12.V.7:1). Una parte de nosotros sabe que cada relación fracasará porque todas son especiales. Pero eso no nos detiene de intentarlo una y otra vez, sin cambiar nada. Puedes tener una relación que sea diferente, pero, para que eso ocurra, tienes que cambiar de mentalidad.

Pregunta: ¿Pero qué es esta sensación de agotamiento que tengo?

Ken: Bien, esa sensación se debe a la futilidad. Es como darse cabezazos contra la pared. O como si estuvieras en un molino dando vueltas y vueltas sin ir a ninguna parte. Tienes un gran viaje que hacer, pero te encuentras dando vueltas a la misma manzana de casas, ni siquiera llegas a la carretera. Eso es muy agotador. Está bien las primeras dos veces, aunque parece un poco tonto, pero a continuación no te paras nunca. Es agotador librar una batalla que sabes de antemano que perderás, porque en realidad estás luchando contra ti mismo. El título del Capítulo 23 es “La guerra contra ti mismo”. Realmente estás luchando contra ti mismo. Es muy enervante. Y no tiene solución.

Cuando alcance el objetivo del Curso, ¿recordaré que he estado aquí?

Pregunta: Si realmente alcanzo el objetivo del Curso y me muero, ¿básicamente estás diciendo que no recordaría nada, incluyendo estar en clase ahora mismo, porque todo ello nunca ocurrió?

Ken: Estoy diciendo eso, sí, pero no significa que tú vayas a morir necesariamente. Tu ego morirá. Y eso no significa necesariamente que tu cuerpo muera. Pero cuando tu mente esté sanada, sí, todo esto desaparecerá.

Pregunta: ¿Pero tendré un recuerdo de ello? ¿De estar aquí ahora?

Ken: No, porque el mundo del tiempo nunca ocurrió. De modo que sí, me temo que tengo que decirte que olvidarás esta brillante clase de hoy.

Pregunta: ¿Y todo lo que ha ocurrido en mi vida?

Ken: Sí, porque es como si nunca hubiera ocurrido, porque nunca ocurrió. Eso es verdad.

Pregunta: ¿Siente la gente una especie de aversión a esto? [Risas].

Ken: Sí, porque estamos identificados con este yo. Estamos identificados con nuestra vida. No queremos que se nos diga que después de trabajar tan duro, y de hacer todo esto, y de hacer el maldito *Libro de ejercicios* [Risas]. Y ahora todo eso es para nada, y todo habrá desaparecido. Bien, no es que todo sea para nada, porque cualquier cosa que hagas desde el yo de la mente correcta te ayudará a estar cada vez más cerca del punto en el que simplemente despiertas del sueño. Pero te aseguro que, una vez llegado al punto de despertar del sueño, ya no te importará.

Desesperanza y miedo expresados como somnolencia

Ken: ¿Sí, DJ? Has estado muy callado.

Pregunta: Sí.

Ken: ¿He hecho que te quedaras dormido?

Pregunta: No. Acuérdate de ayer, estábamos hablando de...

Ken: No me acuerdo de ayer. Ayer nunca ocurrió.

Pregunta: Porque tú ya estás allí. Yo estoy tratando de hacer eso también. Hablamos del adormecimiento y de que ocurre de manera consistente bajo estas circunstancias. Parece que se instala una fatiga, tal vez miedo. Pero es como el reconocimiento —sin reconocer que en realidad estoy espoleando a un caballo que ya está muerto— de que no estoy yendo a ninguna parte, que no puedo ir a ninguna parte. Es como la fatiga, yo simplemente desconecto y me quedo dormido. Es como si no pudiera salir ganando. Siento algo muy parecido a lo que estaba describiendo Jane, lo que hablamos ayer. Eso es muy...

Ken: Sí. Pero, en realidad, es ese sentimiento de fatiga y de reconocimiento de que aquí todo es fútil lo que te capacita para acabar diciendo: "Debe haber algo más".

Pregunta: Y cuando tenemos miedo, ¿es un recuerdo agudo de eso?

Ken: En realidad, en un sentido, para el ego suena desesperado que se le diga que aquí nada va a funcionar. Entonces, el ego puede usar eso incluso para justificar el suicidio. "¿Qué sentido tiene?" [Se pregunta el ego].

Pregunta: Bien, lo que es muy interesante es que no había conectado los puntos. Cuando tú dices eso y yo desconecto o me quedo dormido, o me siento cansado de estar aquí... No me había dado cuenta de que una cosa y otra tuvieran algo que ver. Ya conoces ese dicho: tú estás libre de culpa, pero no entre...

Ken: Correcto. De todas las causas de tu sufrimiento, la culpabilidad no era una de ellas (T-27.VII.7:4).

Pregunta: Sí. Todas las causas de mi somnolencia no tienen que ver con aquello de lo que estás hablando. Yo también pensaba que estaba somnoliento, o algo así; pero simplemente estoy agotado.

Ken: Lo siento. Dejadme leer algo que habla sobre lo que DJ está diciendo. Está en la página 749[3] [Capítulo 31], cerca del final del texto, en el párrafo 3. El título de esta sección es "La verdadera alternativa", y la clave de la sección es que nada de este mundo va a funcionar, y que las diversas alternativas que el mundo presenta son todas igualmente ilusorias. La verdadera alternativa es elegir a Dios. Esta es la clave.

3. UCDM, segunda edición

(T-31.IV.3:1-4) No hay elección posible allí donde el final es indudable. Tal vez prefieras probarlos todos [todo lo que el mundo ofrece], **antes de que te des cuenta de que todos son lo mismo. Los caminos que el mundo ofrece parecen ser muchos, pero llegará un momento en que todo el mundo comenzará a darse cuenta de cuán parecidos son unos de otros.** [El párrafo anterior ha dicho que todos los caminos acaban en la muerte.] **Hay quienes han muerto al darse cuenta de esto...**

Este es el punto del que habla DJ. Cuando miras esto, dices: "Dios mío, no hay esperanza". Todas las cosas de este mundo acaban en nada.

(T-31.IV.3:4-10) Hay quienes han muerto al darse cuenta de esto porque no vieron otros caminos que los que ofrecía el mundo. Y al darse cuenta de que no conducían a ninguna parte, perdieron toda esperanza. Sin embargo, ese fue el momento en que pudieron haber aprendido la lección más importante de todas. Todo el mundo tiene que llegar a este punto e ir más allá de él. Ciertamente es verdad que el mundo no ofrece elección alguna. Mas esta no es la lección. La lección tiene un propósito, y con esto llegas a entender para qué es.

Continúa diciendo que la lección es que nada de este mundo funciona, pero hay una mente que puede hacer una elección significativa. La razón por la que algunos han muerto al ver esto es que nos da mucho miedo volver a elegir y retornar a nuestra mente, de modo que preferimos sin duda acabar estando aquí. Una vez más se nos engaña al decir que este mundo es terrible, que este mundo es horrible, que no funciona, que miente, y que el Curso miente. Una vez más, soy una víctima. No solo soy una víctima de un mundo duro, cruel y hostil; soy una víctima de Jesús y de su curso. Pero este es el momento de ir más allá de lo anterior. "Todo el mundo tiene que llegar a este punto e ir más allá de él". Y este es un punto doloroso. De esto es de lo que está hablando DJ.

Pregunta: Cuando estamos aquí, en clase, y eso está ocurriendo, en realidad no estamos en contacto. En realidad, yo no estoy en contacto con lo que está ocurriendo cuando simplemente me adormezco, y sin embargo eso es exactamente lo que está ocurriendo.

Ken: Eso es lo que está ocurriendo, sí. Y la parte de ti que realmente está oyendo esto dice: "Oh, Dios mío, aquí nada va a funcionar".

Pregunta: Sí, de modo que me duermo. Eso me ofrece algo que hacer en lugar de oír lo que estás diciendo.

Ken: Correcto, porque no quieres oír hablar del siguiente paso. El primer paso es decir que no hay esperanza dentro de este mundo. Pero eso no es un "punto", es un "punto y coma". La segunda frase es: *pero hay esperanza dentro de la mente.* Mientras mantengas el pensamiento de que en algún momento algo va a funcionar aquí, nunca irás a tu mente. Ese es el gancho del especialismo. Habrá algo. Habrá otra sustancia, habrá otra comida, habrá otra relación, habrá otro esto o lo otro. Podría hacer esto con mi cuerpo. Habrá otro... de lo que sea. Habrá algo más. Habrá otra espiritualidad que pueda probar. Habrá otro gurú que pueda probar.

Pregunta: Yo perpetúo la cosa. Realmente me estoy *muriendo en la viña*[4].

Ken: Correcto. Pero en ese punto puedes decir: "Bien, no hay esperanza dentro del mundo, pero hay algo más. Hay otra manera". Y la esperanza está en la mente. Por eso el Curso ofrece verdadera esperanza. Porque no ofrece ninguna ilusión

4. Hace referencia a *Dying On The Vine,* el título de una canción de John Cale. (N. del t.)

sobre cambiar la mentalidad de la gente en el mundo, sobre hacer nada en el mundo, o sobre estar en paz en el mundo. Dice que nada de esto es el problema.

El problema es que podrías tener paz en tu mente, y ahí es donde está la esperanza. Porque ya no estás atado a lo que otras personas hacen. Ya no estás atado por el mundo. Ya no estás atado por tu pasado, y todas las cosas horribles que te ocurrieron en el pasado. Ahora eres totalmente libre de hacer la única elección que es significativa. Y ahí reside la esperanza. Pero es el miedo a dar ese paso, como dice DJ, lo que hace que te sientas aún más deprimido, y entonces este cuerpo se queda dormido. O que pases con ligereza por la segunda parte de esta sección, y solo te enfoques en la primera parte, que no ofrece esperanza.

Pregunta: Antes estabas hablando de canibalismo.

Ken: ¿Canibalismo?

Pregunta: Sí. Cuando Gloria y tú visitasteis un acuario en Hawái y allí había algo...

Ken: Oh, sí. Eso pasó hace mucho tiempo.

Pregunta: ¿Lo recuerdas? Trata sobre animales comiéndose a otros animales.

Ken: Lo recuerdo; he olvidado qué era exactamente. A lo que Jan se refiere ocurrió hace muchos años. Gloria y yo dimos una charla en Hawái y había un museo en Honolulu, un museo tipo acuario. Creo que usamos esto una vez en un taller. El museo explicaba las relaciones entre los distintos peces de la vida marina, y cómo se alimentan unos de otros. Y también hablaba de defensas, y de cómo uno se comía a otro y, a continuación, se defendía de ser comido. De esto estás hablando. He olvidado cómo fue exactamente. Lo tengo escrito en alguna parte, creo. Pero, sí, fue una exposición muy clara de lo que la gente llama la Gran Cadena del Ser. Pero, en realidad, se trata de comer.

El proceso de mirar la mente dividida

Pregunta: ¿Puedes continuar con lo que Jane y DJ están diciendo?

Ken: ¿Sobre quedarse dormido en mis brillantes talleres?

Pregunta: Trato de llegar al lugar en el que sé que no soy un cuerpo. Y entonces, cuando me resisto a eso, siento miedo y me doy la vuelta. Y es como que, por supuesto, soy un cuerpo. Es como que casi he olvidado totalmente ese otro lugar. Parece tan lejano y hace tanto tiempo que no lo pensaba, pero también parece que hay alguna parte de mi mente que nunca se olvida. Estoy tratando de articular el viaje de ascenso o el viaje de curación. ¿Es eso la fe? En algún lugar de tu mente, todavía sabes que es real. Aunque no puedes acceder a ello ahora mismo, sabes que es real...

Ken: Bien, lo que estás describiendo es el concepto de que tenemos una mente dividida. En cierto sentido, en general, la mente dividida obviamente es una defensa contra nuestra verdadera Mente; pero también se convierte en un medio para ayudarnos a despertar a esa verdadera Mente. Sí, es posible, puesto que tenemos una mente dividida —mente errada y mente correcta— que seamos conscientes mientras estamos tomando decisiones con la mente errada y nuestro ego está actuando, y nos quedamos dormidos, o algo así. Hay una parte de ti que puede dar un paso atrás y observarte.

Esto es lo que estoy haciendo y no me convierte en un pecador, en una persona terrible, pero obviamente todavía tengo mucho miedo de la verdad, de modo que tengo que defenderme de ella. Pero al menos sé que lo estoy haciendo. Esto es muy útil. Porque, entonces, lo que estás haciendo es ir en dirección contraria: estás comenzando el proceso de deshacer la estrategia de tu ego de conseguir que no tengas mente. Porque la parte de ti que está observando a tu cuerpo quedarse dormido, o teniendo algún tipo de ataque del ego, no puede ser el cuerpo. Tiene que haber algo fuera de ti que esté observando eso. Eso es el tomador de decisiones. Eso es la mente.

Esa idea y la práctica son de una ayuda extraordinaria. No te dejes pillar en intentar luchar contra tu defensa, porque esa lucha nunca funciona. Nunca funciona en psicoterapia. Nunca funciona en ningún tipo de ayuda, y ciertamente no ayuda en este viaje. Al mismo tiempo que te resistes al amor y a la verdad, y que estás eligiendo a tu ego, también eres consciente de que lo estás haciendo, lo que significa que te estás haciendo mucho más consciente. Esto es de gran ayuda. Nunca puedes subestimar la importancia de esta toma de conciencia y el poder que va a tener con el tiempo.

Pregunta: ¿Llamarías a eso fe? ¿O es ahí donde entra la fe?

Ken: En cierto sentido, es fe en el proceso. Una de las razones por las que es importante entender cómo funciona esto a nivel intelectual es que, a medida que pasas por ello, el ego puede ser tan persuasivo, tentador y perverso que te puede llevar a perder de vista lo que está ocurriendo. Por unos pocos árboles podridos, pierdes de vista este gran bosque precioso que estás atravesando. Tener cierta conciencia intelectual o tener a alguien que te lo recuerde es de gran ayuda. Eso por lo que estás pasando justo en este momento —digamos que te estás quedando dormido en el taller o algo así— es parte de un proceso mucho más amplio.

Lo que te ayuda a negociar eso y seguir avanzando es ser consciente de tu ego. El ego nunca quiere que sepamos que lo estamos eligiendo. *Nunca quiere que sepamos que lo estamos eligiendo.* Si mientras lo estás eligiendo puedes ser consciente de que lo estás eligiendo, es de gran ayuda, *de gran ayuda*. Es un paso importante para convertirse en un soñador lúcido.

Lo que tiende a ocurrir con quienes tienen sueños lúcidos por la noche es que, después de algún tiempo, pueden cambiar su sueño, de modo que este deja de ser tan horrible. Eso mismo es lo que pasaría en nuestros sueños de vigilia. Después de algún tiempo, reconoceríamos que las cosas no son tan terribles. Es posible que la forma del sueño no cambie, pero mi experiencia de él cambiará. Lo que había soñado que era una cosa terrible que estaba a punto de pasar, pasa. Bien, tal vez no sea la cosa más genial, pero no me derrumbo. No es el fin del mundo. Y descubro con alegría que puedo estar en paz incluso en medio de esta situación horrible, que la semana pasada, solo de pensar en ella me hubiera producido escalofríos. Esto procede de la idea de ser capaz de dar un paso atrás y ser consciente de lo que está pasando.

EL SOÑADOR DEL SUEÑO

Permitidme que lea algo que también explica esto, o lo describe, y es de gran ayuda tenerlo presente cuando el ego está haciendo de las suyas. Está en la sección llamada "El soñador del sueño". Empezaremos por el párrafo 11, frase 4.

(T-27.VII.11:4) La brecha que separa a la realidad de los sueños [la brecha entre la verdad y la ilusión, entre Dios y el ego] **no se encuentra entre el sueño del mundo y lo que tú sueñas en secreto.**

Lo que soñamos en secreto es el sueño de la mente: separación, pecado, miedo, castigo, sufrimiento, muerte y asesinato. El sueño del mundo es nuestras vidas de vigilia aquí, *nuestras vidas aquí*. Volviendo a Freud, con quien comenzamos esta mañana, lo reprimido es el sueño de la mente. Lo que estamos reprimiendo es esta horrible historia de culpa que, para Freud, acaba siendo realmente un asesinato: no un asesinato real, pero es ciertamente asesinato en los pensamientos. Este es el sueño secreto.

A continuación, lo proyectamos fuera y se convierte en el sueño del mundo. Sigue siendo una historia de separación, pecado, culpa, miedo, asesinato, sufrimiento, muerte y castigo; pero ahora todo se ve fuera. Esto es el retorno de lo reprimido. Reprimimos el hecho de que somos un asesino, y toda la culpa que está asociada con ello. Lo proyectamos fuera.

Los mismos pensamientos están aquí, pero ahora se ven de otra forma. Por ejemplo, se ven en ti, no en mí. De esto está hablando Jesús.

(T-27.VII.11:4-5) La brecha que separa a la realidad de los sueños [la verdad de las ilusiones] **no se encuentra entre el sueño del mundo y lo que tú sueñas en secreto.** [¿Por qué?] **Pues en ambos casos se trata del mismo sueño.**

No hay diferencia entre el sueño del mundo y el sueño secreto. Parece haber una diferencia, pero no hay diferencia porque los pensamientos son los mismos: separación, pecado, culpa, miedo, castigo, sufrimiento, muerte y asesinato, y también se le añade el odio para sazonarlo un poco. El sueño del mundo —el mundo— y el sueño de la mente —la mente— son el mismo, debido a ese principio tan importante: "Las ideas no abandonan su fuente" (T-26.VII.4:7, 13:2; L-pI.132.5:3,10:3).

La idea de separación (y todos los pensamientos concomitantes: pecado, culpa, miedo, muerte, etc.) nunca ha abandonado su fuente en la mente, lo que significa que ahí fuera no hay un mundo. El ego dice: "Las ideas abandonan su fuente". La Idea del Hijo de Dios puede abandonar su fuente en el Cielo; eso es la separación. A continuación, el pensamiento de separación puede abandonar su fuente en la mente, ser proyectado afuera en un mundo de cuerpos, y existir. Y entonces fabricamos el cuerpo para que nos diga: sí, es verdad, hay un mundo ahí fuera, sin darnos cuenta de que el cuerpo miente tanto como el mundo, tanto como el ego.

Eso es lo que Jesús está diciendo. No hay diferencia. La diferencia entre la verdad y la ilusión no es la diferencia entre la mente y el cuerpo, entre el sueño secreto del sistema de pensamiento del ego y el mundo del sueño, que es la proyección del sistema de pensamiento del ego:

(T-27.VII.11:5-6) Pues en ambos casos se trata del mismo sueño. El sueño del mundo no es sino una parte de tu propio sueño del que te desprendiste y luego viste como si fuese el principio y el final del tuyo.

El sueño del mundo es nuestra vida aquí: la vida de la sociedad, la vida de la civilización, la vida que comenzó hace quince mil millones de años, cuando se supone que se fabricó el mundo. "El sueño del mundo no es sino una parte de tu propio sueño", es decir, tu sueño secreto del que "te desprendiste", que es una manera popular de decir "proyección". El mundo ahí fuera es simplemente mi sueño secreto que proyecté. Y una vez que lo proyecté, lo vi "como si fuera el principio y el final", lo que significa que el mundo que he proyectado es su propio principio y su propio final, totalmente independiente de una mente, porque las ideas abandonan su fuente, según nos dice el ego.

Usando el término de Freud, el retorno de lo reprimido está tan cuidadosamente disfrazado, se ha concebido con tanto cuidado y se ha ejecutado con tanta brillantez, que no sabemos qué es lo que hemos reprimido, porque está muy disfrazado. Del mismo modo, nuestros sueños nocturnos son un hábil disfraz para los pensamientos que están enterrados en nuestro inconsciente y de los que no queremos saber. Hace falta alguien brillante para entender que el sueño no es lo que parece. Tiene su fuente en el inconsciente.

El sueño no es real. Es un conjunto de símbolos. Así que entendamos los símbolos. Bien, esto es lo que hace Jesús. Él dice que el mundo no es su propio principio y final. No es su alfa y su omega. Es simplemente una proyección. Es un conjunto de símbolos que son una proyección del sueño de culpa, pecado, separación y muerte que está en la mente.

(T-27.VII.11:7) No obstante, lo que dio comienzo al sueño del mundo [a la vida individual] **fue tu propio sueño secreto** [que está en la mente], **lo cual no percibes, si bien es lo que causó la parte que ves, de cuya realidad no dudas.**

El sueño secreto, la decisión de la mente a favor de la culpa, es la causa del mundo, del sueño del mundo y de mi vida individual aquí. Pero no lo sé. Y no dudo de que lo que estoy viendo y lo que estoy sintiendo en este mundo es real. Y no dejo que nadie me lo arrebate. No me quites mis sentimientos, no me quites mis recuerdos, no me quites mi abuso, no me quites mi vida victimizada, no me quites nada, no me quites mi especialismo porque es real.

Estoy tan convencido de que tengo razón porque no soy consciente de mi mente, que es inconsciente. Y consigue que mucha otra gente, miles de millones de personas a lo largo de la historia, estén de acuerdo conmigo. Los cerebros más brillantes que hayan vivido alguna vez están de acuerdo conmigo: este mundo es real. Debería ser estudiado en y por sí mismo. Se deberían entender sus orígenes. Lo que ocurre aquí debería ser entendido, tanto si lo hago desde la perspectiva de la historia como de la geología o la antropología. Yo debería estudiarlo, porque es real. Es significativo, es importante. Aquí hay datos relevantes que deberían ser analizados. Y no tenemos conciencia del sueño secreto, que permanece oculto. Por eso la represión o la negación son unas defensas tan poderosas. No puedo cambiar algo de lo que no soy consciente.

(T-27.VII.11:8) ¿Cómo podrías dudar de ello si aún estás dormido, soñando en secreto que su causa es real?

¿Cómo podría dudar de que este mundo es real si sigo proyectándolo? Pero estoy dormido, de modo que no sé que lo estoy proyectando. Todavía estoy dormido y soñando. Así que sueño en secreto, lo que significa que no me doy cuenta de ello, y pienso que la causa del mundo es real; que la separación ha ocurrido realmente. Y mi culpa por la separación exige que continúe proyectando y librándome de ella. La forma que tiene Freud de hablar de esto es decir que el inconsciente siempre está explotando, queriendo salir. Hay una tremenda oleada ascendente que está tratando de salir y no puede. Así que emplea medios indirectos.

La culpa en mi mente exige que me libere de ella porque dice: si me conservas, serás castigado. De modo que la proyecto fuera. Me olvido de que la proyecté y ahora mi culpa está en el sueño de mi mundo, en mi vida aquí. Pero no está en mí; está en todos los demás. Y, en todo momento, el verdadero problema permanece enterrado. El problema no es el sueño secreto, porque no tiene causa. La causa es irreal. El problema está en la creencia de mi mente en la realidad del sueño secreto. Y entonces requiere un mundo de sueño para defenderse del sueño secreto.

El *Libro de ejercicios* se refiere a esto como el doble escudo del olvido (L-pI.136.5:2). El primer escudo es el sueño de la mente errada, el sueño secreto, el sueño de culpa que escuda o impide volver a elegir la mente tomadora de decisiones. El segundo de este doble escudo es el mundo que nos impide tomar conciencia. El sueño secreto dice: "Esta es la realidad. No hay mente correcta. No hay Expiación. No hay Espíritu Santo. No hay Dios. No hay tomador de decisiones". El sueño del mundo dice que la mente no existe. De modo que la culpa sigue viva, tal como dijo Freud. La culpa permanece viva, muy activa, pero siempre es proyectada.

Ahora vamos a leer en el párrafo 12 lo que son estos dos sueños. Este es el sueño del mundo:

(T-27.VII.12:1) Sueñas que tu hermano está separado de ti, que es un viejo enemigo, un asesino que te acecha en la noche y planea tu muerte, deseando además que sea lenta y atroz.

Agradable, ¿cierto? Esto no es una pesadilla horrible. Este es nuestro mundo de cada día. Y puedes extender esto no solo a un hermano separado de ti, sino a Dios. Dios es el antiguo enemigo. Él planea tu muerte, que será lenta y atroz. Él nos permite vivir un tiempo, y cada año que vivimos, las cosas empeoran. El cuerpo se estropea. Se cae a pedazos. Las cosas que puedes comer y de las que puedes disfrutar cuando tienes veinte o treinta años, ya no puedes disfrutarlas cuando tienes cincuenta, sesenta o más. Ya no puedes echar carreras alrededor de la manzana como solías hacer. No puedes hacer aquello de lo que antes eras capaz. Y sabes que la marcha hacia la muerte es inexorable. De esto se está hablando aquí.

Nuestro hermano, por tanto, no es solo nuestro hermano. También lo son los microorganismos: la hermana bacteria, el hermano virus; estos también planean nuestra muerte. A continuación, citando a Hamlet, están nuestros hermanos los gusanos de la tierra, que precisamente están esperando a que nos entierren para comernos. Esta es una historia horrible, que todos creemos que es verdad porque todos vivimos aquí, y de algún modo cargamos con ello y tratamos de hacer de nuestra vida algo amable y bello. No es algo amable y bello. ¿Cómo va a ser amable y bella la creencia de que asesinaste a Dios? Pero, cada vez que respiramos, eso es lo que estamos celebrando. Estamos celebrando la existencia de este cuerpo, que es la prueba viviente de que conseguimos lo imposible y destruimos el amor. ¿Es eso hermoso? ¿Cómo podría alguien pensar que este es un mundo hermoso?

Una de las formaciones reactivas que el mundo ha empleado es decir: sí, este es un mundo maravilloso; Dios lo creó. No dice que nosotros fabricamos el mundo como un ataque a Dios, sino que este es un mundo maravilloso que Dios creó. Y lo que está mal en el mundo es producto del pecado. La gente cree esto, porque no queremos mirar al sueño siguiente.

(T-27.VII.12:2) Mas bajo este sueño yace otro, en el que tú te vuelves el asesino, el enemigo secreto, el sepultador y destructor de tu hermano así como del mundo.

Tú no eres el asesino, yo soy el asesino. Dios no es el asesino, yo soy el asesino. Y toma nota de la palabra "asesino". No es alguien que cometió un error tonto. Se usa la palabra "asesino" porque es una palabra muy fuerte que describe la enormidad de lo que creemos que es nuestro pecado; no en la realidad, por supuesto, sino lo que creemos que es nuestro pecado. Esto es lo que es el mundo: un intento de esconderse.

Una vez más, la grandeza y la genialidad de Freud estuvieron en decir al mundo: "Debes mirar esto". No lo dijo con estas palabras, pero seguía diciendo: *"Debes mirar esto".* Las sucesivas rupturas que se dieron con toda la gente que le rodeaba, empezando por Adler, Jung, Rank y otros, fueron por lo que Freud les decía y lo que decía sobre ellos: tú no estás mirando esto. Y tenía razón. No es que tuviera razón en cada aspecto de su teoría y que ellos estuvieran equivocados con las suyas; no es así. Pero de lo que les acusaba es totalmente correcto. Él estaba diciendo: estás pasando esto por alto. No lo estás mirando.

Esto es exactamente lo que Jesús está diciendo en el Curso: debes mirar esto. Este es el sueño secreto. Esta es la causa de todo. Tú eres el asesino, el enemigo secreto, el carroñero y el destructor tanto de tu hermano como del mundo. Pro nadie quiere ver esto. Somos tan civilizados, somos tan espirituales y tan santos, y psicológicamente avanzados e intuitivos; ninguno de nosotros haría algo así. Bien, entonces, ¿qué estamos haciendo aquí? Y tenemos tanto miedo de esto. En esto consiste la represión. Y lo proyectamos fuera, y después este pensamiento reprimido retorna, solo que está disfrazado.

Para indicar este punto una vez más: yo ya no soy el asesino; tú eres el asesino. Dios es el asesino, mi país es el asesino, estas otras personas son las asesinas, los microorganismos son los asesinos, los incendios son los asesinos, las personas que provocan los incendios son los asesinos. No importa. A todo el mundo ahí fuera se le ve como un asesino y un abusador, un victimario, un carroñero que está esperando desgarrar mi carne. Pero yo soy el que ha hecho todo eso. Es mi sueño.

(T-27.VII.12:3-6) He aquí la causa del sufrimiento, la brecha entre tus míseros sueños y tu realidad. La pequeña grieta que ni siquiera ves, la cuna de las ilusiones y del miedo, el momento de terror y de un odio ancestral, el instante del desastre, están todos aquí. He aquí la causa de la irrealidad. Mas es aquí donde se deshará.

¿De qué está hablando? Esta hablando de esa brecha que es el lugar de nacimiento del sueño secreto que dice que me he separado de Dios. Esa es la causa de todo el sufrimiento. Simplemente mira lo que hace el mundo. Estudia, estudia, estudia y piensa, y tiene todas estas teorías sobre el sufrimiento en el sueño del mundo. No hay sueño del mundo. Por eso ninguna enfermedad será verdaderamente erradicada; y si una lo es, otra vendrá a ocupar su lugar. Nunca habrá ausencia de guerras. Estamos en guerra a cada momento. Estamos en guerra solo para tomar la siguiente respiración, para comer, para sobrevivir como individuos. Cuando los individuos forman grupos, los grupos hacen lo mismo que los individuos. Y cuando forman grupos más grandes llamados estados nación, siguen haciendo lo mismo. Siempre habrá guerras, siempre habrá divisiones, siempre habrá enfermedad, siempre habrá muerte, porque el sueño secreto no se deshace nunca. Y:

(T-27.VII.12:3) He aquí la causa del sufrimiento, la brecha entre tus míseros sueños [el pequeño sueño secreto y el sueño del mundo, que son un sueño] **y tu realidad.**

Esta distinción no es entre el sueño del mundo y el sueño secreto. Es entre soñar y despertar. Esta es la distinción. "La pequeña brecha que ni siquiera ves...". ¿Por qué no la vemos? Porque hemos tomado esa pequeña brecha de separación entre nosotros y nuestro Creador, por la que nos sentimos tan culpables, y la hemos proyectado fuera, y ahora veo una brecha entre tú y yo. Y obviamente hay brechas. Por eso fabricamos los cuerpos, por eso fabricamos las razas, por eso fabricamos las religiones, por eso fabricamos las nacionalidades, por eso fabricamos las diferencias económicas, por eso fabricamos todo lo que distingue a las personas. Nosotros somos diferentes.

Sin embargo, la brecha entre nosotros es un invento. La única brecha que existe es la brecha imaginaria entre Dios y yo, que nunca ocurrió. Pero nunca sabré que nunca ocurrió porque mis ojos me dicen que hay diferencias palpables entre nosotros, y hay separaciones entre nosotros que son reales. Y como sabéis, la gente mata a raíz de las diferencias, literalmente matan y libran guerras porque las personas son diferentes, porque piensan algo diferente. Y todos nos estamos haciendo cada vez mejores a la hora de librar guerras, a la hora de justificarlas, de construir armas cada vez mejores que hacen más daño, lisian más, destruyen más. Y seguimos haciéndolo porque la culpa es el regalo que continúa dando, como diría Hallmark —una compañía de postales norteamericana—. Pero eso es lo que la culpa sigue dando. Sigue siendo proyectada. Y el proceso no tiene fin hasta que deshaces la fuente. Esa brecha es el lugar de nacimiento de las ilusiones, del miedo, del terror, del odio ancestral —todas estas son palabras muy fuertes—, del instante del desastre. Y, sin embargo, al mismo tiempo, esto no es causa de nada.

(T-27.VII.12:6) Mas es aquí donde se deshará.

"Mas es aquí": el "aquí" es la mente tomadora de decisiones que cree que hay una brecha entre Padre e Hijo, entre Dios y Cristo, entre causa y efecto, entre fuente e idea. Ese es el problema. Y para asegurar que nunca volvamos a la fuente del problema y lo cambiemos y deshagamos, todos nosotros, como ego colectivo, tomamos todo eso y lo pusimos aquí (en el cuadro, véase apéndice) y lo llamamos el mundo. Y entonces adoramos el mundo. Y a continuación, por supuesto, ponemos a Dios dentro de él y decimos que aquí hay un diseño inteligente. Ciertamente hay un diseño inteligente, pero esa inteligencia no se escribe con "I" mayúscula. Está diseñado con brillantez, pero no por Dios. Hay un diseño; hay un método en todo esto. Su propósito es mantenernos sin mente; alejarnos de esa última frase:

El siguiente párrafo comienza:

(T-27.VII.13:1-2) Tú eres el soñador del mundo de los sueños. Este no tiene ninguna otra causa ni la tendrá jamás.

Nadie está soñando esto por ti. Tú no estás soñando el sueño de tus padres, ni el sueño de tu gobierno ni el sueño de tu religión, o el sueño de tu raza, o de tu cultura, o tu sueño socioeconómico o tu sueño de estatus. Ellos no están soñando esto. Es *tu* sueño. Y todos tenemos diferentes formas del sueño, pero el propósito es idéntico para todos nosotros: que sigamos soñando.

Freud tuvo otra de sus grandes comprensiones cuando dijo que todos los sueños tienen como propósito hacer que sigamos dormidos. Llamó a los sueños los "guardianes del dormir". Traduciendo esto a términos del Curso, verás que es una comprensión brillante. El propósito de nuestro soñar, de estos sueños que te acabo de leer, es mantenernos dormidos: durmiendo el sueño de la separación. El sueño del mundo existe para perpetuar y preservar el sueño secreto y para mantenerlo escondido. El propósito del sueño secreto es alejarnos de ser un tomador de decisiones, de modo que no me dé cuenta de que yo he fabricado todo esto. Y esto es lo que me mantiene dormido.

Cualquier cosa que nos enraíce en este sueño tiene como propósito impedirnos despertar. Una pequeña punzada de molestia, una furia desatada en la que entro, una astilla, un tumor maligno, una escaramuza en el patio de la escuela, una guerra mundial; todos ellos son lo mismo. Todos tienen el mismo propósito. Nos enraízan aquí, como lo hace tener un interés fanático en un equipo de baloncesto o de fútbol. Ya sabéis lo locos que se vuelven los fans de la Copa del Mundo de fútbol. Siempre están luchando unos con otros. ¿Sabes? La verdadera acción está en las gradas, no en el campo.

Bien, ¿por qué la gente hace esto? Lo hacen porque se identifican, y eso parece legitimar el asesinato. Sería un ejemplo de lo que Freud llama sublimación. No sales por ahí a matar gente. Simplemente les golpeas hasta la muerte, en términos deportivos o como si fuera una moda. En todas esas ocasiones en que te sientes fanáticamente interesado en algo —una gran obra de arte, un libro, una espiritualidad, un evento deportivo— estás dando realidad al error; estás haciendo real el sueño. Y lo estás haciendo por una doble razón, o esto sigue un doble proceso: estableces que el sueño del mundo es real, lo que te impide mirar el sueño secreto; y esto, a su vez, te impide mirar a la fuente del sueño secreto, el poder de la mente para tomar decisiones.

Una vez que ves esto y entiendes verdaderamente cómo funciona en tu propia vida, no solo intelectualmente, hará que tu vida sea mucho más significativa. Porque ahora te das cuenta de que el propósito de tu día es procurar estar despierto, y ver hasta qué punto quieres permanecer dormido. Lo que DJ decía es solo una expresión específica de una somnolencia más general. Queremos quedarnos dormidos y soñar estos sueños.

No queremos despertar del sueño de victimismo o abuso, de estar encadenado a un pasado desdichado. No queremos vivir en el presente, donde podemos volver a elegir. De modo que tenemos que usar los símbolos del mundo para entender que el sueño del mundo es una proyección de un sueño secreto que, al no haber abandonado nunca su fuente, permanece en la mente. Es en la mente donde todo está teniendo lugar. No está teniendo lugar aquí. No hay un "aquí". Ahora bien, la mayoría de la gente, la mayor parte del tiempo, no tiene esta experiencia, pero al menos puedes empezar a entender la teoría, y después aplicar dicha teoría a experiencias muy prácticas de tu vida.

Una vez que entiendas esto, a continuación entenderás por qué las cosas te hacen reaccionar y te molestan tanto. Y si eres muy honesto, te darás cuenta de que te puedes excitar tanto por algo que sabes que es trivial como por algo que crees que es de una gran magnitud. Obviamente, ganar o perder un partido es trivial, a menos que hayas apostado mucho dinero a un resultado. Pero, para un fan, es básicamente trivial. Ahora bien, la gente se enfada tanto por eso como por el 11 de septiembre (11 de septiembre de 2001), o por una guerra, o una amenaza de guerra, o por no tener suficiente cobertura médica. La gente se enfada mucho por un partido. Parece tonto, pero no lo es cuando entiendes que todo es un símbolo. Una guerra es un símbolo; una final deportiva es un símbolo; la final de copa es un símbolo.

Todo es un intento inconsciente de mantenernos dormidos para que no podamos despertar del sueño. La sección siguiente de este capítulo se titula *El "héroe" del sueño*. "Héroe" va entre comillas porque obviamente esto no es muy heroico. Pero el héroe del sueño es el cuerpo. De modo que permanecer dormido significa que sigo identificándome con el héroe del sueño. Si no hay sueño, no hay héroe. Si no hay sueño, no hay cuerpo. Si no hay cuerpo, no hay un "yo". Eso es lo que quiero preservar, este yo. Este yo nació en el sueño secreto que, a continuación, se proyecta fuera al sueño del mundo. Así que el cuerpo es, literalmente, la encarnación del ego. Es el sistema de pensamiento del ego puesto en cuerpos, en la forma del cuerpo.

Entender esto te ayuda a pasar el día y a empezar a ver por qué ocurren las cosas. ¿Por qué me siento emocionado con respecto a algo? ¿Por qué me siento molesto con respecto a algo? Y empiezo a entender que tengo elección. Podría estar en paz aunque ocurra esto, eso, y lo de más allá. Y seguiré en paz tanto si consigo lo que quiero como si no; tanto si llego a un lugar a tiempo, como si llego tarde. Puedo seguir estando en paz. Esto te simplifica la vida.

Y lo más importante es darse cuenta de cuánta resistencia tienes a hacer esto. Esta fue una de las mayores contribuciones de Freud. Fue el primero que habló de las resistencias. Al principio no podía entender por qué sus pacientes no mejoraban. Y de repente, se dio cuenta de que no querían mejorar. Ahí es cuando la terapia realmente despegó para él; cuando reconoció que había algo en sus pacientes que decía: "No quiero mejorar", aunque estuvieran viniendo a él para recibir ayuda. Bien, Jesús tiene la misma experiencia con todos nosotros. Decimos que queremos su ayuda, leemos su curso, lo estudiamos y dedicamos nuestra vida a él, pero no lo hacemos. No es un pecado; no hace que seamos malas personas. Pero es de ayuda entender la resistencia para no tratarnos con dureza a nosotros mismos.

Otra pregunta sobre el propósito

Pregunta: La irritación por un partido de fútbol o una guerra mundial, ¿en realidad no es diferente, en su propósito, del disfrute de un programa de televisión?

Ken: No es diferente.

Pregunta: ...o trabajar en el jardín, o cualquier otra cosa.

Ken: No es diferente.

Pregunta: Sirven al mismo propósito.

Ken: Sí. El amor especial y odio especial son lo mismo. El placer y el dolor son lados opuestos de la misma moneda. Él dice: si crees que el cuerpo te puede dar placer, también crees que te puede producir dolor (T-19.IV.A.17:11). Ahora bien, esto no significa que no puedas disfrutar de las cosas. Pero cuando el disfrute pasa a excitación, cuando dejas de estar en esta línea calmada y ecuánime de paz y empiezas a tener altibajos, y te emocionas con unas cosas y te sientes decepcionado con otras, entonces sabes que algo va mal. No significa que no puedas disfrutar de practicar la jardinería, o de leer un buen libro o de ver un espectáculo, una obra de arte o cualquier otra cosa. Sé normal.

Pero si algo interfiere y no te permite ver tu programa, o tomar tu comida favorita o estar con tu persona favorita, no es el fin del mundo. Puedes seguir estando en paz. Y eso hace desaparecer esos subidones que te exaltan y esos bajones abrasadoramente dolorosos. Para los egos del mundo, esto es aburrido porque no hay drama. La vida es muy ecuánime. De modo que haz lo que hace la gente normal. Disfruta de lo que disfrutes; trata de evitar lo que no disfrutas. Pero si eso no funciona, también está bien.

Por ejemplo, tienes muchas ganas de pasar un día estupendo en la huerta y se pone a llover, de modo que no puedes hacerlo. Y, además, la lluvia arrastra todas las semillas que sembraste ayer. Podrías seguir estando en paz. No significa que estés rebosante de alegría, pero no es el fin del mundo para ti. Pongo otro caso: no te gusta una ley que ha aprobado el Congreso. Bien, no te gusta esa ley pero sigues estando en paz. O estás muy contento porque el Congreso ha aprobado la ley que tú querías. Y sigues estando en paz. Tu vida es pareja, ecuánime. Tu frente está serena. Ese es el objetivo.

Y te perdonas a ti mismo cuando te das cuenta de que no estás en esa línea de equilibrio e igualdad, cuando no estás en calma, cuando no estás en lo que el Curso denomina "el tranquilo centro" (T-18.VII.8) o, según esta preciosa expresión, "la majestuosa calma interna" (T-18.I.8:2). *La majestuosa calma interna*. Y más adelante, en ese mismo capítulo, habla del centro tranquilo. Cuando estás en esa calma majestuosa o en ese centro tranquilo, todo es igual. Y puesto que este es el estado de tu mente y las ideas no abandonan su fuente, tu cuerpo también será así. Tu experiencia como personalidad aquí será calmada y ecuánime, a pesar de lo que esté ocurriendo en el mundo que te rodea, a nivel personal o colectivo.

Cuando descubras que te estás desviando y que ya no estás en ese estado de calma y serenidad, ahí es cuando pides ayuda a Jesús. No es que él te recomponga, no es que él arregle lo de fuera, pero pedirle ayuda a él es llamarte a ti mismo a recordar que puedes volver a elegir.

Vuelve a elegir

Como sabes, así es como acaba el texto. La última sección se titula "Elige de nuevo". Permíteme leer de esta sección.

(T-31.VIII.1:4) ¿Querrías seguir siendo eso, si Cristo se te apareciera en toda Su gloria pidiéndote únicamente esto: *Elige de nuevo si quieres ocupar el lugar que te corresponde entre los salvadores del mundo o si prefieres quedarte en el infierno y mantener a tus hermanos allí?*

A continuación, un poco más adelante en la misma página:

(T-31.VIII.3:2) En toda dificultad, disgusto o confusión, Cristo te llama y te dice con ternura: "Hermano mío, elige de nuevo".

En toda dificultad, disgusto o confusión, Cristo te llama y te dice con ternura: "Hermano mío, elige de nuevo". Esto es lo que necesitas recordar. A medida que transcurre el día y encuentras que tu paz se ve alterada de alguna manera, tu pensamiento inmediato sería: "¿Qué me ha provocado esto, o quién me ha hecho esto, o por qué él o ella me ha hecho esto, o por qué las circunstancias han salido así?". Y si ya no estás en ese estado de paz, si ya no estás en esa majestuosa calma interna, pides a Jesús que te ayude. Eso significa que te estás pidiendo a ti mismo recordarte que puedes ver paz en lugar de esto.

Eso es todo lo que debes hacer a lo largo del día. No te metas presión, no estés en una agonía, no te menosprecies ni te flageles. Simplemente di: podría elegir de otra manera. Y ahora mismo no quiero hacerlo. Quiero estar enfadado; quiero sentirme molesto con respecto a esto. Eso es Bueno. Y mientras lo hago más y más, también puedo decir: "Sé que esto no me traerá la paz de Dios". Pero por otro lado te dices: "No quiero hacerlo ahora mismo. Quiero un poco de excitación. Quiero disfrutar de mi rechazo. No quiero soltarlo. Puedo sacarle mucho partido a lo que esta persona me acaba de hacer". De modo que, al menos, sé que lo estoy haciendo. Eso es todo.

La conciencia de lo que está haciendo tu mente tomadora de decisiones es lo que te curará, porque ser inconsciente es lo que mantiene [la proyección] en marcha. Incluso si eliges al ego, cuando eres consciente de que lo estás eligiendo, eso te pone muy por delante en el juego. Es el principio del fin del ego. Simplemente sé consciente, y después se bondadoso y amble contigo mismo cuando elijas olvidar. Y te darás cuenta cada vez más de que estás eligiendo olvidar.

No te olvidas de tu lección diaria del *Libro de ejercicios* porque estás muy ocupado en el trabajo. Te olvidas de ella porque eliges olvidarte. No es un pecado; no es un crimen. No te convierte en un mal estudiante de *Un curso de milagros*. A propósito, lo que hará de ti un estudiante particularmente bueno de *Un curso de milagros* ese día, y hará que Jesús te ponga un sobresaliente ese día, es que reconozcas lo que has hecho y digas: "Sí, he tenido miedo del amor y hoy no quería ningún contacto con él". Eso te da un sobresaliente. Es muy simple. Lo único que él quiere de nosotros es que seamos honestos. Y honestidad significa mirar lo que está haciendo la mente. Si eres consciente, no hay represión. Si no hay represión, no puede retornar lo reprimido; no puede ser proyectado. Eso deshace el ego, es muy simple.

Si eres consciente de lo que está haciendo tu ego, no hay represión ni negación. Si no hay represión, no hay nada que proyectar, porque la represión siempre debe preceder a la proyección. No proyectarás cuando seas consciente. De modo que lo único que tienes que hacer es ser consciente. Y de esta manera no estás bajo presión. No tienes que ser perfecto. Simplemente tienes que ser consciente de tu decisión de no ser perfecto. Eso es todo.

Pregunta sobre el aburrimiento

Pregunta: me gustaría que habláramos sobre el aburrimiento.

Ken: Oh, el aburrimiento, de acuerdo. Eso va de la mano de quedarse dormido, ¿no?

Pregunta: Tienes un subidón, tienes un bajón y se instala el aburrimiento, ¿es así? Y entonces dices: "Bueno, ahora estoy aburrido. Ya he hecho ambas cosas". Yo ya sé que el proceso no es lineal, pero después de algún tiempo simplemente reconoces que, de todos modos, ya estabas aburrido con todo lo de aquí. ¿Hay una manera correcta de utilizar el aburrimiento en términos de la visión?

Ken: Bien, el uso correcto del aburrimiento es decir que, si estoy aburrido, debe ser mi ego. Esta es otra manera que tiene mi ego de asomar su horrible cabeza.

Pregunta: ¿De modo que no hay subida ni bajada?

Ken: Llamar "aburrimiento" a esa paz es algo que, obviamente, solo podría hacer el ego. Porque cuando estás en tu mente correcta, eso es todo lo que te puedes acercar aquí a la paz de Dios. Es maravilloso. De modo que el aburrimiento solo es otro modo que el ego tiene de intentar atacarlo.

Pregunta: Parece ser un último esfuerzo.

Ken: Probablemente, porque no puede apartarte de esta ecuanimidad, de modo que entonces la llama con un insulto. El Curso dice que, cuando empezamos a escuchar más y más al Espíritu Santo, el ego se encona. De modo que ese enconamiento puede presentarse de todo tipo de maneras, contornos y formas, y el aburrimiento sería uno de ellos.

Pregunta: Me parece que la más atroz de las formas actuales del ego es la televisión, que de algún modo imita ese estado de calma majestuosa. Uno se sienta allí, hora tras hora, pensando: estoy en una calma majestuosa, no estoy arriba ni abajo, no estoy apegado ni nada parecido.

Ken: Solo estoy aburrido, o atontado o hipnotizado.

Pregunta: Es eso estar durmiendo. Me preocupa esa calma majestuosa, que es como el patrón oro.

Ken: Bueno, hay una calma majestuosa y luego está la "calma majestuosa". Cuando es la verdadera calma majestuosa, entonces abrazas a todos sin excepción. Cuando es la calma majestuosa del ego, habrá muchas personas a las que juzgarás y criticarás. La diferencia es que, en ese centro tranquilo, todo el mundo es bienvenido sin excepción. Así es como lo sabes. Ese es el verdadero barómetro.

Cierre

Quiero cerrar leyendo uno de los poemas de Helen. Este es uno de mis favoritos. Se titula "Transformación". Lo he leído otras veces. Tiene una historia interesante, pero no voy a entrar en ella ahora. Diré que fue escrito en Pascua, y ese es el significado de la referencia a la Pascua al final del mismo. Pero no es un poema de Pascua como tal. Describe cómo se puede mirar al mundo de otra manera; cómo el mundo deviene transformado. Pero no se transforma externamente.

La transformación del mundo ocurre desde la transformación de nuestras mentes: desde los estridentes chillidos del ego a situarse en el centro tranquilo. Y cuando estamos en ese centro tranquilo, todo se percibe de otra manera, aunque las formas no cambien necesariamente. Es posible que unas naciones sigan estando en guerra con otras. Es posible que tú, o tu ser querido, sigáis teniendo cáncer, pero estaréis en paz. Y el mundo te parecerá precioso, porque lo estarás viendo desde ese lugar de belleza dentro de ti. Básicamente esto es la transformación.

El poema comienza con: "Sucede de repente. Hay una Voz que pronuncia una Palabra, y todo se transforma". Para aquellos de vosotros que no tenéis el poema, "Voz" está escrito con mayúscula inicial y "Palabra" también. La Voz es el Espíritu Santo y la Palabra es la Expiación. En ese instante santo, de repente has cambiado de maestro. Estás oyendo la Voz que dice: "No ha ocurrido nada. Nunca te fuiste de la casa de tu Padre. No se perdió ni una nota del himno celestial". Por lo tanto, no hay separación, no hay pecado, no hay culpa, no hay miedo, no hay castigo, no hay muerte. No hay sueño secreto. Y si no hay sueño secreto, no hay sueño del mundo. Y desde ese centro tranquilo, en el que solo está el recuerdo del Amor de Dios, miras al mundo que ahora queda impregnado de ese amor. De esto habla el poema. Pero, basta de hablar, voy a leer el poema.

Transformación

Sucede de repente. Hay una Voz
que pronuncia una Palabra, y todo se transforma.

Comprendes una parábola ancestral
que parecía oscura, y sin embargo significaba
exactamente eso que decía. Lo trivial
crece en magnitud, mientras lo que parecía grande
recupera la pequeñez que le correspondía.
Lo tenue recupera el brillo, y lo que antes brillaba
se hace tenue y titila hasta que al fin desaparece.
Todo asume la función que antes del tiempo
se le había asignado, en la antigua armonía

que canta acerca del Cielo. Su arrobadora música
borra las dudas e inquietud que vienen
con cualquier otra función, pues la certeza
debe ser de Dios.
Sucede de repente,
y todo se transforma. El ritmo del mundo
se vuelve concierto. Lo que antes era penoso
y parecía hablar de muerte, ahora es un canto
de vida que se une al coro de la eternidad.
Los ojos antes ciegos comienzan a ver, y los oídos,
tanto tiempo sordos a la melodía, comienzan a oír.
Dentro de la súbita quietud renace el antiguo
canto de la creación, largamente silenciado,
pero rememorado. Junto a la tumba está el ángel
de reluciente esperanza, para entregar
el mensaje de la salvación: "Sé libre
y no te quedes aquí. Sigue hacia Galilea".

Culpa: El núcleo de *Un curso de milagros*

(Extracto de Limpiar nuestro jardín)

DESENTERRAR TODA LA CULPA DE LA MENTE

Quiero volver más específicamente al tema de nuestra semana, que es limpiar de malas hierbas nuestro jardín, y de la importancia de desenterrar toda la culpa que tenemos en la mente, lo que significa darnos cuenta de que el problema nunca es externo; siempre es interno. En último término, el problema no es la culpa misma, sino la decisión de la mente a favor de la culpa y lo que ocurre cuando hacemos eso. Literalmente se abren las puertas del infierno: aquello que hemos reprimido lo proyectamos.

Quiero empezar leyendo un par de párrafos sobre la culpa. El primero está en la sección "La nube de culpabilidad", en el Capítulo 13, sección IX, párrafo 7. Como introducción, se puede decir que un modo de entender lo que significa aceptar la Expiación es aceptar la irrealidad de la culpa. En realidad, Bill Thetford siempre solía decir eso. Es una manera muy, muy amable de describirlo. Es deshacer nuestra creencia en la realidad de la culpa; ese es el problema. De modo que, una vez más, el problema no es la culpa. El problema es que creemos en ella. Como he venido diciendo repetidamente a lo largo de la semana, el problema es esta flecha del cuadro (véase Apéndice). Este es el culpable, aquí mismo. No es la culpa, tampoco es el mundo. Es la creencia de la mente en el ego, lo que en realidad significa la creencia de la mente en la culpa.

En realidad, puedes tomar cualquiera de los términos de la mente errada del ego, cualquiera de los términos del ego, y cada uno de ellos lleva automáticamente a todo el resto. Hablamos mucho de la culpa. El Curso habla extensamente de la culpa. La culpa nos dice que el pecado es real; el pecado nos dice que la separación es real. La culpa nos dice que merecemos ser castigados y, por lo tanto, deberíamos tener miedo. En cierto sentido, la culpa es el grito convocante en torno al cual se construye todo el sistema del ego. Y, por supuesto, el mundo fue fabricado de esta manera. Justo al comienzo de este capítulo, el Capítulo 13, se dice que el mundo es el sistema ilusorio de los que están enloquecidos por la culpabilidad. *El mundo que ves es el sistema ilusorio* —con el significado de demente— *de aquellos a quienes la culpa ha enloquecido* (T-13.in.2:2). Hacemos real la culpa, nos volvemos locos y fabricamos el mundo.

En cierto sentido, cualquiera que enseñe este curso y no hable de la culpa ya no está enseñando *Un curso de milagros*, porque si no entiendes la culpa y lo que ocurre con ella, entonces *piensas* que estás haciendo el Curso, piensas que estás eligiendo el amor, piensas que estás adoptando a Jesús o al Espíritu Santo como tu maestro y guía, y lo único que estás haciendo es reciclar la culpa. Es en esto en lo que me quiero enfocar. Cuando reciclas la culpa, la proyectas automáticamente.

El comienzo del Capítulo 3, “Expiación sin sacrificio” (T-3.I), es el único lugar en todo el material donde se habla del error cristiano, que fue que no reconocieron lo que estaban haciendo. No reconocieron lo que estaban haciendo y desarrollaron todo un sistema religioso, y una iglesia, e iglesias dentro de iglesias, todas basadas en el juicio, la persecución, el especialismo y el triunfo de la forma sobre el contenido, culminando en el asesinato. Y la razón por la que ocurrió todo esto, a pesar de lo sinceras que eran las personas, es que no eran conscientes de su culpa.

Si no eres consciente de ella, y piensas mágicamente que Jesús la limpió con su preciosa sangre, psicológicamente eso es muy ingenuo. Sea lo que sea lo que quieras decir sobre este curso —y la gente dice muchas cosas sobre él—, no es psicológicamente ingenuo en absoluto. Trabajar realmente con el curso significa trabajar la culpa. De esto vamos a hablar mucho el día de hoy, porque si no entiendes lo que la culpa significa para ti personalmente, la proyectarás. Seguirás fomentando todas tus necesidades de amor y odio especiales, y juzgarás como un loco.

La culpa no reconocida nos ciega

(T-13.IX.7:1) La culpabilidad te ciega, pues no podrás ver la luz mientras sigas viendo una sola mancha de culpa dentro de ti.

Bien, la culpa nos ciega de dos maneras. Una vez que la hacemos real, estamos diciendo que la separación sea real, la pequeña y alocada idea (T-27.VIII.6:2-3) realmente ocurrió, lo que significa que rechazamos la luz de la Expiación. Cuando la rechazamos, la enterramos. Es como si hubiera una cámara acorazada en nuestra mente correcta, y tomamos la Expiación y al Espíritu Santo y los encerramos allí. La culpa es la que hace esto. Nos ciega a la luz.

A continuación, la culpa es tan horrible que no podemos mirarla. El ego nos dice: "no mires la culpa". De modo que aparentemente nos deshacemos de ella proyectándola fuera. "Veo la oscuridad de la culpa por doquier a mi alrededor, y ya no veo la luz de Cristo brillando dentro". La culpa te ciega, te ciega a la luz que hay en ti y te ciega a la luz que hay en todos los que parecen estar fuera de ti.

No podrás ver la luz mientras sigas viendo una sola mancha de culpa dentro de ti. Id hasta el final mismo del texto donde dice: "No queda una sola mota de oscuridad", ni una mancha de culpa, "que pudiera ocultarle a nadie la faz de Cristo" (T-31. VIII.12:5). Eso es el final del viaje. Esta es la gloriosa visión final de Jesús. *No queda una sola mota de oscuridad que pudiera ocultarle a nadie la faz de Cristo*. La faz de Cristo, en el Curso, es el símbolo de la inocencia, es la expresión del perdón. No es una cara real como tal; es una metáfora o un símbolo. Simboliza la inocencia del Hijo de Dios.

Pero mientras quede una mota de oscuridad, hay una mota de autoodio; y la proyectarás fuera. Es algo parecido a cuando tienes un vaso de agua y pones dentro una gota de tinte rojo, todo el vaso se enrojecerá. Por eso es tan importante que, a medida que practiques este curso, no excluyas a nadie. Y cuando excluyas a gente de tu perdón, de tu bondad, entonces reconoce que lo estás haciendo. Perdonar a todos menos a una persona es retener una mota de culpa o una mota de oscuridad en tu mente. Pero en lugar de verla allí, la proyectas fuera y, una vez más, la ves en todos los demás.

(T-13.IX.7:2) Y al proyectarla [la culpa]**, el mundo te parecerá tenebroso y estar envuelto en ella.**

Ahora el mundo *parece* oscuro. En realidad no es oscuro porque no hay mundo. Pero una vez que proyectamos la culpa fuera, la proyectamos por una razón: no queremos verla dentro, y queremos verla fuera. Bien, como quiero verla fuera, la veré fuera. No hay nada que ver. Pero como creo que me he librado de mi culpa al proyectarla fuera, y creo que he tenido éxito, la veré. No porque esté ahí, sino porque quiero creer que está ahí. Entonces compongo toda una serie de historias que justificarán mi percepción ilusoria de que la culpa está ahí fuera. Creeré que hay gente mala, malvada y pecaminosa que merece ser castigada, y que lo que ellos hacen tiene un efecto sobre mí o sobre las personas con las que me identifico. Al proyectar la culpa, el mundo parece oscuro, y parece estar envuelto en ella.

(T-13.IX.7:3-6) Arrojas un oscuro velo sobre él y esto te impide verlo porque no puedes mirar en tu interior. Tienes miedo de lo que verías, pero lo que temes ver no está ahí. *Aquello de lo que tienes miedo ha desaparecido*. Si mirases en tu interior, verías solamente la Expiación, resplandeciendo serenamente y en paz sobre el Altar a tu Padre.

Eso es lo que nos aterroriza. Esa simple declaración de una simple verdad no es solo lo que nos aterroriza, sino que se ha convertido en nuestra motivación para fabricar todo este universo; no hace quince mil millones de años, sino ahora mismo. El ego nos ha engañado completamente haciéndonos pensar que el tiempo lineal es real, y pensamos que esto ocurrió hace mucho tiempo. Los científicos todavía se están volviendo locos intentando averiguar qué pasó: el Big Bang. ¿Qué había antes del Big Bang? ¿Cómo ocurrió? Todas esas cosas de las que escribe la gente, y se pierden lo que el Curso diría que es la verdad simple y obvia: esto no ocurrió hace mucho tiempo, está ocurriendo ahora mismo. Y está ocurriendo únicamente en sueños. Ese es el origen del universo físico.

Este no es un curso para desarrollar un gran cerebro con un gran coeficiente intelectual. Eso no te llevará al Cielo. Puede que te ayude a pasar por la universidad y la escuela de posgrado, y que haga que mucha gente piense que eres maravilloso. Pero no te llevará al Cielo. Una mente sanada sí lo conseguirá.

Una vez que damos realidad a la culpa, tenemos la necesidad de librarnos de ella. Tenemos que encontrarle una vía de salida. Y una vez que creemos que lo hemos conseguido, la vemos. No porque esté allí, sino porque la mente ha dado a nuestros ojos, oídos, y a todos los órganos sensoriales el mensaje: "Ve la culpa y el pecado ahí fuera". Entonces la ves y crees que la ves. Como todos los demás están haciendo lo mismo, todos están de acuerdo contigo, o al menos las personas que están de tu lado. Las personas que están del otro lado, por supuesto, lo ven diferente, pero la dinámica es la misma.

Este pasaje es muy claro. Todo lo que acabo de leerte es exactamente en lo que consiste todo este esquema [véase apéndice]. Nosotros fabricamos la culpa y después nos parece tan horrible que tenemos que proyectarla fuera y verla a nuestro alrededor. El mundo queda envuelto en nuestra culpa. Pero allí no hay nada.

Esta es una de mis maneras de definir el mundo a lo largo de los años: "El mundo es una solución inadaptada a un problema inexistente". Siempre me ha gustado esta definición. El mundo es una solución inadaptada, lo que significa que no funciona. No encaja bien. Es una solución mal adaptada a un problema que no existe. Ahora bien, cuando realmente entiendes esto como principio, y a continuación lo aplicas directa y específicamente a tu propia vida personal y a tus experiencias de cada día, lo cambia todo. Te sientes molesto con respecto a algo que es una defensa contra un pensamiento que no existe. Esto cambia el paisaje dramáticamente.

En lugar de que este mundo sea una prisión y de que tengamos que luchar para escapar de ella, se convierte en un aula en la que aprendemos que la propia aula no existe. Recordad lo que cité el otro día: el propósito que el Espíritu Santo asigna al tiempo es mostrarnos que el tiempo no existe. El propósito que el Espíritu Santo asigna al mundo es mostrarnos que el mundo no existe. Porque el mundo es una defensa contra lo que nunca ocurrió y lo que no está ahí. En esa caja de la mente errada lo único que existe es nuestra creencia. Cambia la creencia y la caja de la mente errada desaparecerá.

(T-13.IX.8:1-3) No tengas miedo de mirar en tu interior. [Esto tiene un paralelo posterior en el texto, en una sección llamada "El miedo a mirar dentro" (T-21.IV). Dice lo mismo. No tengas miedo de mirar dentro.] **El ego te dice que lo único que hay dentro de ti es la negrura de la culpabilidad, y te exhorta a que no mires. En lugar de eso, te insta a que contemples a tus hermanos y veas la culpa en ellos.**

Eso es proyección. No puedes decirme que este mensaje no es claro como el cristal. Esto no es verso blanco. Esto no es pentámetro yámbico. Esto está muy claro. ¿Qué ocurre cuando lo aplicamos a nuestras vidas? De repente, todo se vuelve muy confuso. Surge una niebla en la mente. Nos convertimos en lo que Jesús dijo una vez a Helen: eres una retrasada mental funcional. Helen solía trabajar con niños con retraso mental y con sus familias, y ese era su verdadero amor clínico. Él la llamó eso: eres una retrasada funcional porque funcionas como alguien que es retrasado mental. Ahora bien, Helen era brillante.

Pero todos hacemos esto. Lo que está muy claro aquí es que te vas de la habitación, o te quedas dormido o algo así, y de repente pierdes el tino, porque empiezas a enfadarte y a justificar tu enfado. Realmente piensas que hay personas malas en el mundo. Esto lo explica: *El ego te dice que todo está ennegrecido por la culpa dentro de ti,* dentro de tu mente. Y a continuación nos dice: "no mires. En lugar de mirar, líbrate de ello. Proyecta la culpa fuera y contémplala en tus hermanos". Eso es lo que nos dice el ego, lo cual significa que estamos siempre maquinando. El ego siempre está buscando a alguien ahí fuera que nos permita librarnos de esta culpa.

(T-13.IX.8:4-5) Mas no puedes hacer eso [proyectar culpa en otra persona] **sin condenarte a seguir estando ciego, pues aquellos que ven a sus hermanos en las tinieblas, y los declaran culpables en las tinieblas en las que los envuelven, tienen demasiado miedo de mirar a la luz interna.**

El ego te dice "no mires dentro porque verás esta oscuridad de la culpa, este monstruo horrible llamado culpa". El Curso dice: "No creas que Él [Dios] se ha olvidado" (M-17.7:4). Pero el verdadero miedo es que si miramos dentro, no veremos nada excepto la luz de la Expiación diciendo que todo esto es un sueño, y que nunca te fuiste de casa. El Curso dice que estás despierto en Dios, aunque "soñando con el exilio" (T-10.I.2:1). Ese es nuestro sueño. No queremos despertar del sueño porque nos gusta ser una figura del sueño dentro del sueño.

Freud: el material reprimido y su expresión

Quiero leeros algunas declaraciones que hizo Freud. El otro día os mencioné la increíble contribución que hizo, y ahora os voy a leer algunas declaraciones breves que están distribuidas a lo largo de sus obras, desde los primeros trabajos hasta el final de su vida. Él siempre volvía al mismo tema de que hay algo horrible acechando dentro, y que va a encontrar su camino de salida.

Con frecuencia escribía muy poéticamente. Él no usaba la palabra *proyección*, pero de eso es de lo que estaba hablando. Tenemos esta cosa horrible en nuestra mente, estos impulsos instintivos a los que nosotros llamaríamos *culpa,* y siempre encuentran una vía de salida. Encuentran un modo de salir de la mente al mundo. Eso es la proyección. Y siempre están tratando de salir.

Ahora bien, el Curso dice que el objetivo del ego es el asesinato. Si el ego pudiera hacer lo que quiere, mataría a todos. Pero no podemos hacer eso, porque si lo hiciéramos, no duraríamos mucho en este mundo. No puedes ir por ahí matando a gente y esperar salirte con la tuya a menos que seas un jefe de estado; entonces sí puedes salirte con la tuya, y esto ocurre en cada estado, no solo en este, en cada estado.

Lo que el ego se ve obligado a hacer es llegar a un compromiso. De eso está hablando Freud. Voy a leeros un par de citas en las que lo dice. Nosotros alcanzamos un compromiso, pero nunca nos sentimos felices porque tenemos sed de sangre y la necesidad de matar. En sociedad, no puedes vivir así. De modo que alcanzamos un compromiso. Expresamos nuestro deseo de asesinar en el amor especial. A veces, lo hacemos a través de los deportes, que son mucho más violentos ahora que cuando yo era niño; o lo hacemos a través de las películas de terror. Porque hemos adquirido ciertos compromisos. En realidad, lo que nos gustaría es matar a cualquiera que se interponga en nuestro camino, pero hemos llegado a un compromiso. Freud fue el primero en descubrir brillantemente cómo funciona esto. Permitidme leer varias declaraciones breves que hacen alusión a lo que me estoy refiriendo.

“El material suprimido encuentra el método y los medios de forzar su camino a la conciencia”. El material suprimido es la culpa. El ego dice: “No mires dentro”. Y encuentra su camino para ser expresado conscientemente; eso es la proyección. En realidad, lo que todos hacemos es agacharnos y ocultarnos, y usando nuestros brillantes ojos astutos a modo de radar, intentamos encontrar a nuestra próxima víctima. De esto está hablando Freud. Como veremos a medida que pasemos por este tipo de experiencia, esto es lo que todos hacemos. De eso dependen nuestras vidas.

Aquí hay otra cita: **"El material reprimido está buscando una oportunidad de ser activado".** Esto es exactamente lo que Freud dice: *El material reprimido está buscando una oportunidad de ser activado*. La culpa en nuestras mentes está acechando con esos ojos astutos, esperando abalanzarse sobre algo o alguien. No es verdad que estés molesto por lo que te han hecho; tú quieres que te lo hagan. Tú ya estabas predispuesto antes de entrar en la autopista y de que alguien te cortara el paso y te desplazara de tu carril. Ya estabas predispuesto antes de poner las noticias y empezar a cabrearte. Ya lo estabas maquinando antes de que tu esposa o tu pareja llegara a casa, e iniciaras una pelea con él o ella. Pero nos olvidamos de esa parte y lo único que recordamos es lo que ha hecho la otra persona.

Siempre estamos vigilantes. En esta otra cita, Freud habla de: **"El modo en que el inconsciente, estando contenido por las fuerzas de la represión, espera la oportunidad de activarse y aprovechar sus oportunidades".** Es la misma idea. Esto fue escrito varios años después de la frase anterior que os he leído. Tenemos que mantener el instinto escondido porque todos tenemos esta necesidad de matar. Recuerda que el objetivo del ego es el asesinato. Hay una línea horrible que dice: "Lo que no es amor es asesinato" (T-23.IV.1:10). También se nos dice que el amor es imposible en este mundo, lo que significa que aquí todo es asesinato. Pero no parece ser así.

Si eres un fan del deporte, tu única manera de ser feliz es cuando le das una buena paliza al otro equipo, cuando tú ganas y ellos pierden. Eso es asesinato, pero se enmascara como deporte o entretenimiento. Cuando ves una película y aplaudes al final porque pillan al malo y lo matan, y el bueno gana, eso es asesinato. De esto está hablando Freud. El odio encontrará su vía de salida de una manera u otra.

Tienes que ver esto en ti mismo, sin sentir culpa, sin juzgar. Pero si no te das cuenta de lo horrible que es, nunca te sentirás motivado para elegir en su contra. Encubrimos este deseo de odiar y matar. Por eso Freud dijo que en este mundo nunca funcionará nada. Cambiar los sistemas económicos, los sistemas políticos, este sistema o ese sistema, nunca funcionará. Por más idealizada y asombrosa que sea nuestra visión utópica, fracasará debido a esta intensa necesidad; la llamó *agresividad, agresión.*

Después de la Primera Guerra Mundial modificó su teoría, y fue entonces cuando habló por primera vez del *instinto de muerte.* Antes de eso no lo había hecho. Dijo que están presentes los dos instintos. Hay un instinto sexual que sería el instinto amoroso. Y luego está el instinto de muerte. El núcleo del instinto de muerte es que queremos matar. Pero no podemos cumplir nuestro deseo, de modo que tenemos que sublimarlo, y nunca es suficiente.

Dentro de un momento os voy a leer algo que dijo Freud; nunca es suficiente, lo que significa que siempre está presente esta necesidad de matar, siempre, porque nunca se satisface. A veces, esto se ve en la guerra, cuando los soldados hablan de las ganas de matar. Cuando saboreas la primera sangre, quieres seguir volviendo y volviendo [a por más]. Segunda guardia, tercera guardia, cuarta guardia: déjame a mí enfrentarme con ellos. Nuestros militares retornan [de las campañas] y empiezan a perpetrar matanzas desenfrenadas. Sus esposas dicen: "este no es el hombre con el que me casé". Tienes gusto por matar; es lo que todos queremos. Si lo haces en nombre de la guerra, por Dios y por tu patria, entonces es genial. O bien lo haces en un campo de deporte, o indirectamente viendo una película.

"Los instintos indómitos e indestructibles están preparados en todo momento para afirmar sus exigencias, y por las buenas o por las malas, forzar su camino a la satisfacción". *Los instintos indómitos e indestructibles* —eso es la culpa y nuestro deseo de matar— *están preparados en todo momento para afirmar sus exigencias, y por las buenas o por las malas, forzar su camino a la satisfacción*. Y, como no podemos hacerlo directamente, lo hacemos indirectamente.

Esto es lo que hacían en tiempos de los romanos: es el "pan y circo", los gladiadores, y todos esos espectáculos a los que va la gente, ahí están las ganas de matar. La gente lo hace actualmente en las corridas de toros. Lo hace por doquier. Pero el ego nunca se siente satisfecho; nunca es suficiente. Por eso tienes que seguir haciéndolo una y otra vez.

Esta es una cita un poco más larga. Empieza hablando del "instinto reprimido", el cual, desde el punto de vista del Curso, sería la culpa: la creencia en el pecado, la necesidad de tener un chivo expiatorio, la necesidad de matar a otro para poder vivir. **"El instinto reprimido nunca deja de luchar por su completa satisfacción, que consistiría en la repetición de la experiencia primaria de satisfacción".** Eso es asesinato.

Cuando Freud habló del complejo de Edipo, era la idea de que el hijo quería matar al padre y casarse con la madre. Y él se refería a esto de una manera literal. Ese es el deseo. Tanto si estás de acuerdo con esto como si no, tanto si crees que es universal, como dijo Freud, como si no. Desde el punto de vista del Curso, es definitivamente universal: se trata de *uno o el otro*. *El instinto reprimido nunca deja de luchar por su completa satisfacción, que consistiría en la repetición de la experiencia primaria de satisfacción.*

"Ningún sustituto ni formación reactiva y ninguna sublimación será suficiente para retirar la tensión persistente del

instinto reprimido, y es la diferencia en cantidad entre el placer o satisfacción que se demanda, y el que realmente se logra, lo que provee el factor impulsor que permitirá que no se haga un alto en ninguna posición alcanzada, sino que, en las palabras del poeta [y aquí cita al *Fausto* de Goethe] **'siempre empuja hacia delante sin someterse'".**

Aquí está hablando exactamente de lo que he explicado antes. Nada de lo que hacemos, ninguna de nuestras sublimaciones, ninguno de nuestros desplazamientos, ninguno de nuestros intentos de descargar este deseo de matar, y de herir, y de lisiar, y de torturar a través de las distintas cosas que hacemos, ninguno de ellos funciona realmente. "Nada será suficiente para retirar la tensión persistente...". Siempre queremos matar. Siempre queremos herir. Siempre queremos hacer que alguna otra persona pague, de modo que Dios nos premie a nosotros.

"...**y es la diferencia en cantidad entre el placer o satisfacción que se demanda** [que es el cien por cien], **y el que realmente se logra** [que es el noventa por cien, ochenta por cien, veinte por cien]**, lo que provee el factor impulsor que permitirá que no se haga un alto en ninguna posición alcanzada,** [nunca es suficiente, y la culpa] **'siempre empuja hacia delante sin someterse'".** Una vez más, esta frase es de Goethe. *Siempre empuja hacia delante sin someterse*. Este es el deseo de matar que se manifiesta en siempre tener que encontrar faltas. Nunca es suficiente. Nunca hay suficiente odio; nunca hay suficiente juicio.

Tienes que ver esto no solo en el mundo en general, sino en ti mismo. Por eso puedes ser un estudiante dedicado de *Un curso de milagros* durante años, incluso décadas, y seguirás encontrándote juzgando, todavía cayendo en todas tus fantasías de ser especial a expensas de otras personas. Esto se debe a que no has arrancado la mala hierba de raíz, que es el deseo de culpa que tiene la mente.

Nunca olvides el doble deseo del ego, el cual constituye su único propósito para nuestra vida: probar más allá de cualquier sombra de duda que existimos y hacer a alguna otra persona responsable de ello. La culpa es la que hace esto. La culpa dice "yo existo, he pecado, me he separado". A continuación, lo proyecta fuera y culpa de ello a todos los demás. "Tengo mi sed de existencia y mi deseo de matar". La culpa lo hace. Es un invento muy brillante por parte del ego.

De esto hablaba Freud. Por eso siempre le ensalzo, porque fue absolutamente brillante. Fue el primero que vio esto y que escribió sobre esto, y siguió escribiendo sobre ello. Sin Freud, nunca tendrías el Curso. El mundo tenía que entender esto, al menos hasta un nivel razonable, antes de poder aceptar lo que dice el Curso. Pero de esto es de lo que habla. Él lo vio con mucha claridad. Olvida las formas tontas con las que a veces presentaba sus teorías, el contenido estaba muy claro.

Permitidme leer un par de otras cosas. Voy a leer un pasaje del Capítulo 15. No voy a dedicarle mucho tiempo, pero esto viene de Freud. En realidad, esto es una crítica a Freud, y dice:

(T-15.X.5:1) No es necesario seguir al miedo por todas las tortuosas rutas subterráneas en las que se oculta en la oscuridad, para luego emerger en formas muy diferentes de lo que es.

En otras palabras, no tienes que analizar las malas hierbas. Simplemente ve a la raíz. Ahora bien, lo que hizo el psicoanálisis fue analizar las raíces. De aquí viene la palabra *tortuosas*. **"El impulso reprimido fue capaz de encontrar medios de descargarse y de obtener satisfacción sustitutiva por rutas tortuosas, y de esta manera reducir todo el propósito de la represión a**

nada". En otras palabras, el propósito de la represión era mantener los impulsos instintivos enterrados, o la culpa enterrada. El hecho de que encuentren su camino de salida niega el propósito de la represión. Lo obvia. Pero de ahí viene el término [tortuosas] que aparece en el Curso.

En otro lugar habla sobre la manera inevitable, **"mediante la cual los impulsos instintivos reprimidos y no saciados están atentos a la oportunidad de encontrar expresión".** Es otra manera de decir lo mismo. Pero no están saciados; nunca están satisfechos. Siempre están atentos a la oportunidad de encontrar expresión.

Y una última, que fue escrita por Freud hacia el final de su vida. **"El inconsciente tiene un impulso ascendente natural".** [En realidad, aquí sería un impulso descendente, basándonos en la topografía de este esquema. Véase Apéndice.] **"El inconsciente tiene un impulso ascendente natural y solo desea presionar hacia delante y cruzar sus fronteras establecidas hacia el ego, y por tanto hacia la conciencia".** Este es el impulso ascendente. Pero no está saciado. Está insatisfecho. Siempre busca más y más salidas para su odio. Puedes ver que está hablando exactamente de lo mismo que dice el Curso.

Mirar incesantemente

Antes de ir a esos queridos *perros hambrientos del miedo* —sé que todos estáis esperándolos—, os leeré algo de la Lección 161. Una vez más, ahí se dice lo mismo. Cualquiera que esté involucrado en este curso y no reconozca la importancia de este tipo de pasajes, se va a perder su esencia. Lo que hace del Curso una herramienta espiritual tan poderosa es esta incesante —tal como Freud fue incesante— mirada sobre el ego, y la insistencia en que miremos qué es este ego. No es agradable. De eso está hecho este mundo.

Cuando el *Libro de ejercicios* dice: "El mundo se fabricó como un acto de agresión contra Dios" (L-pII.3.2:1), este es un pensamiento lleno de odio. Bien, el mundo *se fabricó* como un ataque contra Dios, porque vino de un pensamiento que era un ataque contra Dios. Creo que fueron los rosacruces los que dijeron: "Como arriba, así abajo". Bien, como dentro, así fuera; *como dentro, así fuera*. Esto es lo que Jesús está diciendo, lo que está dentro de la mente parece estar fuera.

Si el mundo fue fabricado como un ataque contra Dios, un sistema ilusorio de aquellos a los que la culpabilidad había enloquecido, entonces este es el pensamiento de ataque. Está aquí en este esquema: es la culpa (véase Apéndice). Este no es un pensamiento amable. Esto no es muy agradable, esto está lleno de odio. Y no basta con entenderlo filosóficamente. *Tienes que verlo en tu propia mente.*

Cuando te vuelves loco en un acontecimiento deportivo, si eres fan de los deportes, o de las películas —o dices "yo nunca veré una película de terror"—, lo que estás diciendo es: no quiero que mi ego quede expuesto. Ser adicto a las películas de terror o sentir repulsión hacia ellas es el mismo error. Ahora bien, no estoy diciendo que tengas que ver películas de terror si no quieres. Pero te debes a ti mismo examinar honestamente el poder que le estás otorgando a la película de terror que no quieres ver. A mí tampoco me gustan. No las veo. Pero si hay una repulsión, entonces estás diciendo: "hay algo ahí fuera que puede hacerme daño".

A veces la gente dice: "No quiero dejar que esto contamine mi mente santa, de modo que no voy a ver las noticias". Usé un ejemplo recientemente en un artículo, y las personas a la que me refería en el artículo ya han fallecido. Eran una pareja muy amable [que venía a clase conmigo] hace muchos años, en Roscoe, durante la primera Guerra del Golfo, en los años 90, y dijeron que no querían ver las noticias porque no querían contaminar o polucionar sus mentes con la guerra. Lo que no reconocían es que ya habían polucionado sus mentes. Y pensaban mágicamente: bueno, si no lo miro fuera, no lo estoy mirando dentro.

Es como el avestruz. A propósito, debería disculparme en público. Y, de hecho, muchas otras personas han cometido el mismo error. Siempre he usado la idea del avestruz diciendo que, cuando hay una amenaza y el avestruz no quiere lidiar con ella, entierra la cabeza en la arena. Bueno, hace algún tiempo se me explicó que en realidad no es así. El avestruz mete la cabeza en la arena porque de ese modo puede sentir las vibraciones y saber cuándo se acerca el enemigo. Así que aquellos de vosotros que os habéis reído del avestruz, como yo mismo he hecho, le debemos una profunda disculpa. En realidad, es un animal muy sabio.

Ahora bien, la analogía de esta acción del avestruz con lo que el Curso nos enseña es muy profunda. Porque lo que el avestruz nos dice es: "No puedo ver con los ojos dónde está el enemigo, pero, si miro dentro —bajo tierra— lo sabré. El enemigo no está fuera. El enemigo está bajo tierra. Cuando mire dentro de mi mente, sabré qué es el enemigo. De modo que le digo al avestruz: lo siento mucho, pero tienes que mirarlo. Como os he leído antes en "Las dinámicas del Ego" (T-11.V), no mirar es la manera de proteger al ego. Así es como se protege la culpa. Recuerda: en esta caja [señala al esquema] no hay nada, *nada*. El ego nos dice que hay algo, y debes prometer que no vas a mirar nunca; de otro modo, caerás fulminado. Así que librémonos de ello rápidamente y no miremos nunca dentro.

Esto lo hemos creído desde el principio de los tiempos y nunca miramos la mente. Solo miramos al mundo y al cerebro, y estudiamos el mundo, y estudiamos esto y aquello pensando que dos más dos son cuatro. Nunca miramos dentro para descubrir que ahí no hay nada excepto la luz de la Expiación. Pero, una vez que creemos que la culpa y la separación son reales, lo que significa que yo existo, entonces la necesidad —está pulsión ascendente de la que habló Freud—, esta necesidad apremiante que ha de ser satisfecha toma el mando. Y se proyecta fuera de modo que podamos encontrar a alguien a quien odiar.

Vayamos a la lección 161 del *Libro de ejercicios*, párrafo 7. Permitidme mencionar que esto no es para pusilánimes. De modo que este pasaje, si no quieres leerlo, puedes dejarlo y yo completaré los detalles más adelante. Creo que seré más amable esta tarde, pero tengo que sacar esto del sistema esta mañana. [Risas]

(L-pI.161.7:1-3) El odio es algo concreto. Tiene que tener un blanco. Tiene que percibir un enemigo de tal forma que este se pueda tocar, ver, oír y finalmente matar.

Debe haber una cosa que ha de ser atacada. ¿Por qué? ¿Por qué es el odio concreto? Porque tengo que librarme de mi culpa; tengo que librarme de ella. Se me dice que, si permanezco con ella, me matará. De modo que me libro de ella y te mato. Me invento una historia sobre por qué mereces que se te mate, por qué mereces que se te odie. Si no puedo matarte directamente, te mataré con mis juicios, con mis palabras, con mis habladurías, maquinando contra ti.

Aunque preferiría con creces matarte directamente, no puedo hacerlo. Tengo que aceptar sustitutos. Pero es lo mismo. No existe una jerarquía de ilusiones. Una pequeña punzada de molestia es lo mismo que una intensa furia. Una leve crítica es lo mismo que un asesinato. No es así como lo ve el mundo. Pero cuando te sitúas por encima del campo de batalla con Jesús, y miras hacia abajo, te das cuenta de que todo es el mismo sistema. Esta pulsión ascendente que necesita satisfacción, de la que Freud hablaba, es la necesidad de librarnos de nuestra culpa a través de la proyección. De esto estamos hablando.

(L-pI.161.7:4-5) Cuando el odio se posa sobre algo, exige su muerte [ahora hay un breve respiro] **tan inequívocamente como la Voz que habla por Dios proclama que la muerte no existe.** [De modo que hay dos voces]. **El miedo es insaciable** [ahora estamos de vuelta en el ego. Este es el mismo contenido que os he leído de Freud. Las palabras son diferentes; el contexto general es diferente, por supuesto, pero la dinámica del ego es exactamente la misma], **y consume todo cuanto sus ojos contemplan, y al verse a sí mismo en todo, se siente impulsado a volverse contra sí mismo y a destruirse.**

El miedo es insaciable. Bien, este miedo dice: si me quedo con mi culpa, seré destruido. Recuerda la línea: "Y ahora te encuentras aterrorizado ante lo que juraste no volver a mirar nunca más" (T-19.IV.D.6:1). El terror viene de que el ego dice: "cuando mires dentro, serás destruido". Y estamos ante ese velo final, el último obstáculo a la paz, estamos dispuestos a traspasarlo. Entonces, de repente, "Bajas la cabeza, al recordar la promesa que les hiciste a tus 'amigos'" (T-19.IV.D.6:2): pecado, culpa, miedo y muerte. Este miedo a la culpa, este miedo a nuestra aniquilación, es tan extremo que nos libramos de él. Es insaciable. Tengo que encontrar gente ahí fuera a la que pueda odiar; de modo que pueda librarme de mi propio autoodio.

(L-pI.161.8:1) Quien ve a un hermano como un cuerpo lo está viendo como el símbolo del miedo. [En otras palabras, yo te veo como un cuerpo y entonces tú eres el objeto perfecto. Me libro de mi miedo y de mi culpa, y los pongo en ti.]

(L-pI.161.8:2-4) Y lo atacará, pues lo que contempla es su propio miedo proyectado fuera de sí mismo, listo para atacar, y pidiendo a gritos volver a unirse a él. No subestimes la intensidad de la furia que puede generar el miedo que ha sido proyectado. Chilla de rabia y da zarpazos al aire deseando frenéticamente echarle mano a su hacedor y devorarlo.

Esta no es una imagen amable. Jesús está describiendo lo que es el sistema de pensamiento del ego. Date cuenta de que nosotros tratamos de embellecerlo. Freud habló a menudo de la civilización, y hacia el final de su vida solía decir que la civilización es el intento de hacer algo con estos impulsos e instintos reprimidos. Tienes que hacer algo con ellos. Cuando funciona, tienes grandes obras de arte, o tienes un gran gobierno, o tienes una gran esto o aquello. Cuando no funciona, lo cual ocurre la mayor parte del tiempo, tienes la guerra.

Pero todos tenemos que lidiar con esto. Y nuestra forma de lidiar con nuestra culpa, con nuestro autoodio, con nuestro miedo a la ira de Dios, que creemos que es real, es proyectarlos fuera. *El odio es específico. Tiene que haber algo que haya de ser atacado.*

Los hambrientos perros del miedo

Todo esto es el preludio a los *hambrientos perros del miedo*. Esto, los hambrientos perros del miedo, es lo que ocurre cuando no quitas las malas hierbas de tu jardín. Este pasaje está en el primer obstáculo para la paz, que es el deseo de librarse de ella (T-19.IV.A). Esta subsección recibe el nombre de "La atracción de la culpabilidad" (T-19.IV.A.i). En esta sección concreta se habla de que nos sentimos atraídos a ver la culpa en otras personas. Pero, obviamente, la razón por la que quiero ver la culpa en ti es porque me siento atraído hacia la culpa en mí. La atesoramos, la reverenciamos, la abrazamos y la mantenemos cerca de nosotros. Porque la culpa significa que yo tengo razón y Dios está equivocado. La culpa significa que yo existo.

Yo no soy parte del Ser perfecto, que sería Dios. Ahora existo aparte. Empezamos sintiéndonos atraídos hacia la culpa dentro de nosotros. Y, a continuación, esto nos parece tan reprensible y aborrecible, y tan imposible e intolerable, que la proyectamos fuera. Esto es la atracción de la culpabilidad. De esto se está hablando aquí. Es sentirse atraído hacia la culpabilidad en otros. *El odio es específico. Debe haber algo que ha de ser atacado.* En términos de Freud, estos instintos reprimidos, estos impulsos de odiar, tienen que encontrar una salida. Y de algún modo salen. Nosotros tratamos de empujarlos hacia abajo pero ellos salen afuera.

(T-19.IV.A.11:2) A los mensajeros del miedo se les ordena con aspereza que vayan en busca de culpa y que hagan acopio de cualquier retazo de maldad y de pecado que puedan encontrar sin que se les escape ninguno so pena de muerte, y que los depositen ante su señor y amo respetuosamente.

En este contexto, el señor y amo es el miedo pero, por supuesto, en realidad es el ego. El ego nos dice que nuestro estado básico es la culpa y el miedo; en realidad, ambos son lo mismo. Deberíamos tener miedo porque Dios acecha detrás de cada pensamiento de culpa, de cada pensamiento pecaminoso, y Él nos destruirá.

El temor nos dice: ahora líbrate de la culpa y contémplala en alguna otra persona. Esto es lo que ocurre cuando no "arrancas las malas hierbas de tu jardín". Recuerda lo que dijo Hamlet: "Solo cosas vulgares y de índole grosera lo poseen". El jardín se encuentra desbordado. Nuestra mente está desbordada por estas malas hierbas. Son de naturaleza vulgar y grosera. Son reprensibles. Son sucias, huelen mal, son horribles, son asesinas y toman el mando.

Tienes que limpiar tu jardín. Como mencioné al principio, Hamlet se está refiriendo a que su tío ha asesinado a su padre, a quien Hamlet adoraba; y después se ha casado con su madre, a quien Hamlet también amaba. Y todo ello en dos meses, lo que significa que antes [su tío y su madre] ya estaban teniendo una aventura. Para Hamlet, esto era lo peor de todo. Y no podía hacer nada al respecto, porque ya estaba hecho. Permitió que esto se enconase más y más hasta acabar en asesinato.

Es muy importante que mires... pero no al amor dentro de ti. Quiero decir que el amor está bien, pero después de un tiempo se vuelve aburrido y sin brillo. Mira al autoodio, y a continuación observa la cantidad de juicios que haces todo el tiempo. *Eso es todo lo que tienes que hacer*. Simplemente observa que siempre estás eligiendo bandos: víctima y victimario, especialismo, amor especial, lo cual significa que siempre hay un odio especial al acecho. El amor especial significa que siempre estás atacando al que no amas, aunque, aparentemente, sí amas al que amas.

Simplemente observa todo esto sin juzgarte a ti mismo, sin culpa. Este es el núcleo de este curso. Como suelo decir, hay una razón por la que a este curso no se le llama *Un curso de amor*. Este es *Un curso de milagros*. ¿Y qué es el milagro? Es deshacer nuestra creencia en la culpa. Eso es el milagro. Deshace la creencia en que el sistema de pensamiento de la mente errada es real. Recuerda: "El milagro establece que estás teniendo un sueño, y que su contenido no es real" (T-28.II.7:1).

Soñamos un sueño, pero el contenido del sueño no es verdad. Esto es lo que hace el milagro.

¿Pero, cómo podrías saber que no es verdad si no lo miras? Bien, el ego nos dice que no miremos. Mira fuera, arregla tu mundo, haz todo tipo de cosas que van a arreglar tu cuerpo, física y mentalmente. Haz todas estas cosas; arregla el mundo, pero no mires dentro a la causa.

El otro día cité una línea de la Carta de la UNESCO. "Las guerras comienzan en las mentes de los hombres; y, por lo tanto, es en las mentes de los hombres donde las defensas contra las guerras deben construirse". Independientemente de a qué se refirieran los que escribieron eso, lo que el Curso dice es que las guerras comienzan en las mentes de los hombres. Y las guerras acaban en las mentes de los hombres porque no hay nada fuera. Por lo tanto, las defensas contra la guerra deben construirse en la mente. Así, el Curso habla de la Expiación como defensa. Este es un uso de la palabra *defensa* propio de la mente correcta. Pero tienes que darte cuenta de lo que hay ahí.

(T-19.IV.A.11:2) A los mensajeros del miedo se les ordena con aspereza que vayan en busca de culpa, [en todos los demás. Son esos ojos astutos y vigilantes, como dijo Freud. Siempre están al acecho y, por las buenas o por las malas, van a conseguir salir] **y que hagan acopio de cualquier retazo de maldad y de pecado que puedan encontrar sin que se les escape ninguno so pena de muerte...** [en otras palabras, los mensajeros serán asesinados si no traen estos mensajes de vuelta. El ego es muy serio con respecto a esto. Encuéntrame personas malas; encuéntrame victimarios; encuéntrame gente mala, malvada. Quiero a todos los malvados que puedas encontrar. Tráemelos porque yo sé qué hacer con ellos. Y lo que haré con ellos es odiarlos y asesinarlos], **y que los depositen ante su amo y señor respetuosamente.**

(T-19.IV.A.12:3) A los mensajeros del miedo se les adiestra mediante el terror, y tiemblan cuando su amo los llama para que le sirvan.

Esto se dice aquí en un lenguaje muy poético, pero se trata de una metáfora: todos estamos aterrorizados. Estamos aterrorizados ante lo que ocurrirá si no encontramos un objeto para nuestra proyección. Al haber sido entrenado en el terror, esto es lo que hace el ego. El mundo fue fabricado a partir del terror. No fue hecho con amor; fue fabricado desde la desesperación.

El ego dice: si permaneces en tu mente un momento más, Dios te fulminará. Esa voz que oyes hablándote no es la Voz amorosa del Espíritu Santo; es la voz feroz del espíritu santo de dios, que es como el general que él envía a tu mente para poder atraparte y traerte de vuelta para ser torturado y asesinado por lo que hiciste. Hay un pasaje que dice que la muerte será "lenta y atroz" (T-27.VII.12:1).

Oímos esta voz y nos sentimos aterrorizados. Tenemos que irnos rápidamente y librarnos de la culpa. Hay una desesperación en nosotros por odiar, juzgar, criticar y encontrar faltas. Como describía Freud, tratamos de tapar este odio de maneras socialmente aceptables. Si estás en unas elecciones políticas, está bien odiar a tu oponente. Eso está permitido, especialmente si es divertido. Esta es otra manera de tomar este odio y desplazarlo hacia lo que parece una forma socialmente aceptable.

Alguien no tiene una posición con la que tú estés de acuerdo políticamente y le odias. No es suficiente con tener un desacuerdo. Hay odio. Hay juicio. Detrás de ellos siempre está acechando el pensamiento de que, "si pudiera, te mataría". Y todo porque la persona no está de acuerdo contigo; todo porque una persona puede tener el control sobre tu cuerpo y lo que tu cuerpo hace. ¿Por qué argumentas a favor de la realidad y la libertad de tu cuerpo? Así es como te atrapa el ego.

Lo que verdaderamente ayuda es ver no solo cómo lo hace la gente en el mundo, sino cómo lo haces tú. Cómo acomodas este odio de maneras que parecen socialmente aceptables. En el Curso se repite dos veces la frase: la ira *nunca* está justificada (T-30.VI.1:1; M-17.8.6). El juicio nunca está justificado. La crítica nunca está justificada.

Siempre me gusta apuntar que no dice: no te enfades. Lo único que dice es que, cuando te enfades, no lo justifiques. No hay presión sobre ti. Nadie está diciendo que no deberías enfadarte o hacer juicios, simplemente no los justifiques. Cuando haces eso, estás dando realidad al mundo, estás dando realidad al problema, y, por supuesto, estás dando realidad al cuerpo. No estás haciendo lo que este curso nos pide, que es ver a todos como lo mismo.

¿Qué pasa si estás en desacuerdo conmigo, si tienes una posición política diferente de la mía? ¿O si actúas a partir de tu posición política y eso coarta mi libertad? Bien, de acuerdo, digamos que eso es verdad. ¿Pero qué tiene eso que ver conmigo? Tiene que ver con mi cuerpo. No basta con decir "yo no soy una caja de pan", como dijo Helen; se trata de decir *"no soy un cuerpo"*. ¿Quieres decir a Jesús que crees que hay una diferencia entre una caja de pan y un cuerpo? Él se reirá de ti. Y será amable en su risa. Dirá: "Oh, entonces crees que hay una jerarquía de ilusiones". Caemos muy fácilmente en la primera ley del caos.

Lo que es tan agradable del ejemplo de Helen con la caja de pan es que es muy simple; es muy claro; es un poco divertido y tiene un final feliz. Es el tipo de cosa que a la gente le gusta contar en su grupo de *Un curso de milagros*. Pero comprende el principio. Helen depuso sus armas cuando dijo: "Yo no soy una caja de pan. Creo que esto me lo ha hecho Louis [su marido]". Bien, aplica la misma idea, la misma hermosa historia a cualquier cosa que creas que se le ha hecho a tu cuerpo o a los cuerpos de tus seres queridos. Yo creo que soy un cuerpo. La historia de Helen es muy agradable. Pero una cosa es decir "yo no soy una caja de pan" y otra decir "yo no soy un cuerpo". ¿Por qué es diferente?

En un mundo donde dos más dos son cuatro, la panera y el cuerpo son absolutamente diferentes. En un mundo de cuerpos, son absolutamente diferentes. Pero no cuando te sitúas por encima del campo de batalla, en tu mente recta, sentado en el teatro y observando lo que está pasando en el escenario. Todo es inventado. No hay una jerarquía de ilusiones. De otro modo, niegas el primer principio de los milagros: que no hay grados de dificultad entre ellos (T-1.I.1:1), y eso es porque cada milagro, que en realidad significa corrección, es lo mismo, porque cada problema es lo mismo.

Te trasladas de lo externo, de la forma, al contenido. Vas del efecto a la causa. Así que la clave de todo esto —y aún no hemos terminado con esos "maravillosos" perros— no es que te sientas culpable, sino que simplemente mires. Eso es todo. Si no miras, nada cambiará. Mirar es lo que arranca las malas hierbas. Las saca de raíz.

El problema no fue la *pequeña idea loca*. El problema dentro de este contexto ni siquiera es que nos la tomamos en serio y nos acordamos de no reír. El problema fue que no miramos. Si lo hubiéramos hecho, nos habríamos dado cuenta de que esto es ridículo. No puedes tomártelo en serio: ¿Una parte de la perfecta Unidad de Dios que puede separarse? ¿Y atacarle? ¿Y robarle Su Vida? ¿Robar su Capacidad Creativa? ¿Usurparla?

Se supone que es esto lo que se está diciendo; eso es lo que hicimos. Bueno, ¿cómo podrías hacer eso? Cuando lo miras y lo examinas, te das cuenta de que no tiene sentido. Estás mirando al fundamento mismo de la totalidad del cosmos y al fundamento mismo de tu propia vida individual, y estás diciendo que no es nada.

Helen tuvo una visión de la magnífica estatua de Miguel Ángel, *La Pieta,* en la que se representa a María sosteniendo el cuerpo demacrado de su hijo. Es una estatua increíblemente poderosa. Helen miró a la estatua —Helen tenía muchos problemas con Jesús pero no tenía problemas con María—. Miró a la estatua y oyó a María, que estaba sosteniendo el cuerpo de su hijo, decir: "Esto no significa nada". Ahora estamos pasando de decir: "No soy una caja de pan", a decir: "Yo no soy una madre que está sosteniendo un cuerpo demacrado, el cuerpo asesinado de mi hijo". Date cuenta de que las dos son exactamente lo mismo. Son lo mismo en contenido, aunque las formas son muy diferentes.

¿Cuál es la línea que se usa con más frecuencia en el *Libro de ejercicios?* "No soy un cuerpo. Soy libre. Pues aún soy tal como Dios me creó". Esta es la línea que se usa en un repaso de veinte lecciones. Y también es el título de tres lecciones del *Libro de ejercicios.* "Soy tal como Dios me creó" (L-pI.94, 110, 162). Y otra es "No soy un cuerpo. Soy libre" (L-pI.199). Bien, ¿por qué está esa frase ahí? El problema es que nadie se la cree. Podrías hacer el *Libro de ejercicios* cien veces, pero ¿qué haces con esa línea? No es solo una línea hermosa. En realidad, ni siquiera es hermosa poéticamente. Lo que haces con ella es olvidarte de que está ahí. Solo repites las palabras.

Si tú no eres un cuerpo, ¿cómo podría molestarte cualquier cosa de este mundo? Cualquier cosa de este mundo que pienses que te molesta guarda relación con tu cuerpo o con el cuerpo de tus seres queridos, o con los de las personas con las que te identificas. Así que, una vez más, esto no está pensado para hacer que te sientas culpable. Está pensado para hacer que realmente mires y comprendas.

La razón por la que hay pasajes como este —lo que estoy leyendo sobre los perros hambrientos del miedo y todos los pasajes horribles sobre el especialismo, y el que acabo de leeros, de la Lección 161, que dice que el odio es concreto— es que esta no es una imagen hermosa. El milagro que da su nombre al Curso es mirar al sueño y decir que su contenido no es verdad. Eso es el milagro.

Otra línea del *Libro de ejercicios* dice que el milagro "simplemente observa la devastación y le recuerda a la mente que lo que ve es falso" (L-pII.13.1:3). Dentro del sueño que es el mundo, las cosas son devastadoras. Jesús no está diciendo que no haya devastación aquí. Pero el milagro mira la devastación, primero en el mundo, y después en aquello de lo que este es una proyección —la devastación del sistema de pensamiento del ego— y le recuerda a la mente tomadora de decisiones que lo que contempla es falso. Pero tienes que mirarlo; pasajes como este te orientan hacia ese mirar. Jesús no es sádico. La única manera de curarte es mirarlo y decir: "esto es absurdo y, sin embargo, toda mi vida está basada en ello. Cada vez que tengo un pensamiento que no es bondadoso, estoy diciendo que el sistema de pensamiento del ego está vivo y en buena salud, es verdadero y válido". Es a eso a lo que tienes que mirar. Cuando te sientas tentado de culpar a alguien, piensa en los hambrientos perros del miedo que chillan y dan zarpazos, usando las palabras de la Lección 161 (L-pI.161.8:4). "Eso es lo que estoy haciendo; quiero encontrar el error en ti. Quiero ser mejor que tú. Quiero sufrir para que tú sufras más".

Si no lo miras, se encona. Entonces, tu mente se infecta y la infección rezuma: supura en tus juicios, en tus críticas, en tus pequeños odios, en tus odios tontos, en todas esas cosas que son tan triviales y están tan por debajo de quienes somos realmente. Nunca conoceremos nuestra grandeza como Cristo mientras abracemos la pequeñez de nuestro enfado, de nuestros juicios, de nuestras críticas, de nuestro deseo de ser especiales.

Continuemos. Seguimos estando en el Capítulo 19, sección 4, párrafo 12. Voy a releer la frase 3:

(T-19.IV.A.12:3-5) A los mensajeros del miedo se les adiestra mediante el terror, y tiemblan cuando su amo les llama para que le sirvan. Pues el miedo no tiene compasión ni siquiera con sus amigos. ["Amigos" debería estar entre comillas. Estos son los objetos de nuestro amor especial.] **Sus mensajeros** [de nuevo, los mensajeros del miedo somos nosotros cuando proyectamos] **saquean culpablemente todo cuanto pueden en su desesperada búsqueda de culpa, pues su amo los deja hambrientos y a la intemperie, instigando en ellos la crueldad y permitiéndoles que se sacien únicamente de lo que le llevan.**

Esto no ha de tomarse literalmente. Está pensando para darte la experiencia interna de cuán desesperados estamos, y cuán viles somos cuando se trata de encontrar culpa en otros. La esperanza contenida aquí es que la próxima vez que te encuentres teniendo un pensamiento apenas ligeramente desagradable con respecto a otra persona, pienses en esto y digas: "¿Quiero ser uno de esos hambrientos perros del miedo? ¿Quiero ser frío, cruel y estar muerto de hambre, y lo único que me satisfará será deleitarme en tu culpa, dolor y sufrimiento? ¿Quiero ser eso?".

Ese es el propósito de estas palabras. Mantienes esta imagen en la mente y dices: eso es en lo que me he convertido. No hay diferencia entre una leve molestia y una intensa furia. No hay jerarquía de ilusiones; esta es la primera ley del caos. Vivimos como si hubiera una jerarquía de ilusiones. De hecho, fabricamos un mundo para que hubiera una jerarquía de ilusiones. Fabricamos los ojos y el cerebro de modo que viéramos e interpretáramos lo que vemos en términos de jerarquías de ilusiones. Todo esto no significa nada si no lo aplicas a tu propia vida.

(T-19.IV.A.12:6-7) Ni el más leve atisbo de culpabilidad se escapa de sus ojos hambrientos. Y en su despiadada búsqueda de pecados [Siempre me ha encantado esta maravillosa frase aliterativa[5]: en su desesperada búsqueda de pecados] **se abalanzan sobre cualquier ser vivo que vean, y dando chillidos se lo llevan a su amo para que lo devore.**

Ahora bien, ¿es esto lo que quieres ser? Esta es la pregunta que deberías hacerte. Te conviertes en ese perro hambriento cuando justificas tu enfado. No puedes esperar a ver un programa de noticias para volver a odiar a los malos. Independientemente de en cuál de los bandos políticos te encuentres, los medios alimentan esto; tanto los izquierdistas como los derechistas. Alimentan esto: hay buenos y malos. Y lo compramos completamente. ¿Por qué? Porque queremos.

Vemos lo que está ahí porque nosotros lo hemos puesto ahí. Y lo he puesto ahí para no tener que verlo en mí mismo. Por eso te pido que no te creas nada de lo que alguien te diga si ese alguien piensa que dos más dos son cuatro, porque cree en las diferencias. Cree que hay buenos y malos. Cree en el mundo,

5. En el original inglés. (N. del t.)

por el Amor de Dios... no cree en la mente. No cree que todos seamos lo mismo. Entonces, ¿por qué deberías creerle? ¿Por qué deberías entrar en su pista de baile del odio y danzar un rato con él? Tienes que mirar lo que esto es, lo que es este sistema de pensamiento del ego; qué es el mundo que surgió de él y, muy específicamente, nuestras vidas individuales que surgieron de él. Así:

(T-19.IV.A.12:6-7) Ni el más leve atisbo de culpabilidad se escapa de sus ojos hambrientos. Y en su despiadada búsqueda de pecados se abalanzan sobre cualquier ser vivo que vean, y dando chillidos se lo llevan a su amo para que lo devore.

Quiero que seas destruido para que yo pueda vivir, porque es *uno o el otro*.

(T-19.IV.A.13:1-3) No envíes al mundo [Jesús está diciendo, no elijas al ego. Eso es lo único que está diciendo. Detrás de todo el mensaje metafórico, del lenguaje gráfico y de las maravillosas imágenes y escritos hay un mensaje muy simple. No elijas a tu ego, porque estás eligiendo el odio y el asesinato, la muerte y el sufrimiento. Elíjeme a mí en su lugar. Eso es lo que está diciendo. No envíes a esos mensajeros crueles al mundo] **para que se den un banquete con él y se ceben en la realidad. Pues te traerán noticias de carne, pellejo y huesos** [todo relacionado con cuerpos]**. Se les ha enseñado a buscar lo corruptible** [lo que morirá, lo que se pudre, lo que se deteriora] **y a retornar con los buches repletos de cosas podridas y descompuestas.** Imagina esa enorme boca y esa garganta llenas de todas nuestras víctimas que hay ahí fuera y que, en realidad, nosotros creemos que nos han victimizado. Esto es lo que se nos está diciendo.

(T-19.IV.A.13:4) Para ellos [para estos mensajeros despiadados en su despiadada búsqueda del pecado] **tales cosas son bellas...**

Recuerda la línea "para el ego, *los inocentes son culpables*" (T-13.II.4:2). "Quiero que la gente sea culpable. No quiero que sean inocentes. Esto es precioso". ¿Qué hace a las personas sentirse mejor que pensar que su enfado está justificado? Mira lo que hace un país cuando cree que ha ganado una guerra o ha capturado y matado al malo. Se vuelve loco. Mira lo que ocurrió en Estados Unidos hace muchos años, cuando derrotó a los rusos, grandes y malos, en un partido de hockey. ¿No sé si recordáis...? Esto ocurrió en 1980. Este país se volvió loco. Se suponía que no tenía un gran equipo de hockey. Los rusos sí lo tenían. Ellos eran los malos. Nos volvimos locos de alegría, los habíamos matado.

Aquellos de vosotros que lo recordéis... en realidad yo no había nacido cuando Joe Lewis, que era negro —y este era un país lleno de prejuicios raciales—, derrotó al nazi Max Schemeling. No sé si lo recordáis o si habéis oído hablar de ello. Fue un gran combate. Joe Lewis era el mejor boxeador del mundo en aquel tiempo. Le llamaban "bombardero marrón". La gente le odiaba porque era negro, pero se convirtió en un héroe cuando dejó k.o. al nazi Max Schmeling, el alemán odiado. Este país se volvió loco. Todo el mundo estaba loco. Eso es lo que ocurre. Surge un fervor furioso al que llamamos patriotismo; es horrible. Es los buenos contra los malos. Es fragmentar la Filiación, y la gente cree que es maravilloso. Incluso personas inteligentes creen que es maravilloso.

Eso es lo que este pasaje dice. Lo que os acabo de describir es otro ejemplo de enviar a los despiadados mensajeros a su demente búsqueda de pecados en otras personas. Cuando atrapas al malo, quien quiera que sea, se produce una gran alegría. Hay algo de locura en esto, pero tienes que ver esta locura en ti. Cuando te sientes muy bien y muy animado porque tu equipo deportivo ha ganado, hay algo que está mal en ti. Quiero decir que es normal en este mundo demente, pero, ¿sabes por qué estás feliz? Porque tú ganaste y los otros perdieron. Ocurre más en Europa y otros países cuando se juega la Copa del Mundo. En este momento, el fútbol no es muy popular en este país, pero la gente se vuelve loca. Estalla mucha violencia en el estadio durante un partido de fútbol. La gente se vuelve completamente loca.

Están satisfaciendo su ansia de matar, como dijo Freud. Y no se quedan satisfechos hasta que la expresan y representan completamente. Hasta que lo hacen, está presente esa tensión interna: "tengo que librarme de esta culpa. Tengo que librarme de esta culpa". Pero nunca nos libramos totalmente de ella. Siempre tenemos que seguir haciéndolo. Hay una tensión continua que está presente en la mente de todo el mundo. Tienes que liberarte de tu odio y expresarlo.

(T-19.IV.A.13:4-5) Para ellos tales cosas son bellas, ya que parecen mitigar [*parecen* mitigar] **las crueles punzadas del hambre.** [El hambre es que tengo que librarme de mi culpa. Alguien tiene que tenerla, y entonces lo devoro]. **Pues el dolor del miedo los pone frenéticos** [si no me libero de mi culpa, Dios vendrá a por mí. Eso es lo que motiva todo esto. Si no me libro de mi culpa, Dios vendrá a por mí. De modo que el dolor del miedo nos pone frenéticos], **y para evitar el castigo de aquel que los envía** [este es el ego], **le ofrecen lo que tienen en gran estima.**

Reconocer las tretas del ego en nosotros

"El ego me ha convencido de que la culpa es mi problema, pero yo puedo librarme del problema. Estoy frenético de miedo porque si permanezco en mi mente un instante más, Dios me fulminará. Siempre tengo que estar descargando mi culpa, desplazándola, proyectándola, librándome de ella".

Tienes que ver esto en ti, porque está ahí. Esto es el motivo de que te levantes con mal pie o de que tengas un mal día. No es por todas las razones que te cuenta el mundo de dos más dos igual a cuatro. Podría ser verdad para el cuerpo, pero, ¿por qué sigues insistiendo y exigiendo que eres un cuerpo? Cuando elegimos sufrir o sentir dolor, esa es una decisión que dice: alguien me hizo esto. Alguna *cosa* me ha hecho esto, pero no mi mente.

El odio es específico. Tanto si odias a una persona de tu pasado o de tu presente, como si odias a un microorganismo, la comida o a una figura pública, no importa. El odio es específico; tiene que haber algo a lo que puedas atacar. De otro modo, permaneces atascado en la culpa.

Este es el impulso ascendente del que siempre hablaba Freud. Exige ser satisfecho, tiene que serlo. Nuestra satisfacción es que me libro de mi culpa. Esto no tiene como finalidad que nadie se sienta culpable. Está pensado para reconocer que esto es lo que hay. Si lo miras, que es lo que significa pedir ayuda a Jesús, no lo juzgas y no tienes miedo de ello. No lo llames pecado, no lo revistas de culpa pero, sobre todo, *no le tengas miedo* (T-18.I.6:7-9). Mira todo esto. Mira al sistema del ego y di: "esta es una decisión que yo he tomado, y ha sido un error". Si puedes hacer eso, no habrá necesidad de proyectar. No proyectas aquello de lo que eres consciente.

Por eso Freud dijo que el objetivo del psicoanálisis es hacer consciente el inconsciente. Esto es exactamente lo que Jesús dice en este curso. Esta es la razón por la que todos esos pasajes están aquí. Lo que es inconsciente es el sistema de pensamiento de la mente errada del que ahora soy consciente. Si soy consciente de él, no lo proyectaré. No puedes proyectar sin represión. Esta fue otra de las brillantes comprensiones de Freud. No proyectas sin represión. Primero reprimes, después proyectas. Pero si no reprimes porque lo estás mirando, no hay nada que proyectar.

La manera de llegar a tu mente es observar, el aprendizaje indirecto del que he hablado. Observas lo que estás percibiendo aquí, fuera en el mundo. Cuando no es totalmente bondadoso, cuando no es un amor que abraza a todos, una bondad que abraza a todos, entonces sabes que has elegido que tu identidad sea la culpa del ego. Entonces lo miras y dices que eso ha sido un error. Si no estoy en paz, debo haber decidido equivocadamente. Y no estoy en paz porque no amo a todos de igual manera.

Si miro un telediario y mi corazón no va hacia todos en su sufrimiento, solo va a algunos, entonces me doy cuenta: bien, esto se debe a que estoy manteniendo un punto de oscuridad en mi mente y no quiero soltarlo. Pero al menos estoy mirando el problema tal como es, y no de la manera en que yo lo he urdido (T-27.VII.2:2). Esto es lo único que tengo que hacer. Esto disolverá la represión. Y, una vez más, sin represión no hay proyección.

EL PEQUEÑO JARDÍN

Quiero dedicar el resto del día de hoy a "El pequeño jardín". Es una de las secciones en la lista de lecturas. Es una sección amable. Empiezo en el párrafo 7:

(T-18.VIII.7:5) ¿Preferirías permanecer dentro de tu mísero reino y seguir siendo un triste rey, un amargado gobernante de todo lo que contempla, que aunque no ve nada está dispuesto a dar la vida por ello?

Esta es otra manera de resumir el sistema de pensamiento del ego. El pequeño reino, por supuesto, sería nuestro sistema de pensamiento de la mente errada, que a continuación proyectamos fuera al mundo y al mundo de nuestros cuerpos. De modo que Jesús nos dice: ¿Realmente es aquí donde quieres quedarte? Ahora bien, con esta enseñanza él quiere ir al otro lado, al pequeño jardín. Así que, cuando dice que hay un "mísero reino", es un jardín lleno de malas hierbas. Ahí es donde somos un triste rey, porque somos los gobernantes de un reino terrible: un amargado gobernante de todo lo que contempla que, aunque no ve nada —porque todo esto no es nada— está dispuesto a dar la vida por ello.

Lo que esto añade, y es verdad, es que mataríamos por defenderlo. "Cuando muero eso significa que he vivido. Si creo en la muerte, sea en la mía o en la de otros, eso significa que soy un cuerpo, o que el cuerpo es real, y que el cuerpo puede morir; lo que demuestra que el sistema de pensamiento del ego tiene razón".

(T-18.VIII.7:6-7) Este pequeño yo no es tu reino. Elevada como un arco muy por encima de él [(en nuestro esquema está a la derecha, véase el Apéndice), pero Jesús dice que está en lo alto. De modo que el sistema de pensamiento del ego está en la parte baja y la mente correcta está encima de él. Y después Dios está en lo más alto] **y rodeándolo con amor se encuentra la gloriosa totalidad, la cual ofrece toda su felicidad y profunda satisfacción a todas sus partes.**

Aquí tenemos otra expresión de la naturaleza totalmente incluyente del perdón y del amor. *Este pequeño yo —que es el ego— no es tu reino. Elevada como un arco muy por encima de él y rodeándolo con amor se encuentra la gloriosa totalidad, la cual ofrece su felicidad y profunda satisfacción a todas sus partes.* Cada parte aparentemente separada de la Filiación es una sombra fragmentada de lo que está en la mente dividida. Dentro de cada fragmento aparentemente separado está el recuerdo de Dios. No puede haber excepciones a esto.

(T-18.VIII.7:8) El pequeño aspecto que crees haber aislado no es una excepción.

Incluso cuando piensas que eres un ego, incluso cuando alguien piensa que él o ella es un ego, y piensa que está en la mente errada, la totalidad sigue estando presente allí. Todo el mundo tiene una mente correcta. Y todo el mundo tiene también una mente errada. Pero todo el mundo tiene una mente correcta, que es la corrección de la mente errada. Cuando quieres atacar a alguien, cuando quieres castigar a alguien, cuando quieres matar a alguien, estás diciendo que no tiene una mente correcta. Bien, si no tiene una mente correcta, tú tampoco, porque todos somos uno. Recordad lo que os he leído anteriormente, esta misma semana:

(T-18.I.4:1-3) Tú que crees que Dios es miedo tan solo llevaste a cabo una sustitución... la sustitución de la verdad por la ilusión; la de la plenitud por la fragmentación. Dicha sustitución [ese error, que es la mente errada original] **a su vez ha sido tan desmenuzada y subdividida, y dividida de nuevo una y otra vez, que ahora resulta casi imposible percibir que una vez fue una sola y que todavía sigue siendo lo que siempre fue.**

Todo es uno. Todos somos lo mismo. Solo parecemos diferentes. Pero todos somos lo mismo. Antes, en el texto, hablando sobre Cristo, Jesús contradice la geometría euclidiana. Si recuerdas la geometría que estudiaste en el instituto, te enseñaron que el todo es igual a la suma de sus partes. Lo que Jesús dice aquí es que el todo es mayor que la suma de sus partes. Esto significa que Cristo es perfectamente pleno, está perfectamente unificado: esta unidad indiferenciada es lo mismo que Dios, porque Cristo y Dios son Uno.

Si retiras un fragmento de ese todo, la totalidad de Cristo queda destruida porque Cristo se define por su perfecta totalidad. Cristo es la Filiación. Si eximes una parte de la Filiación de la totalidad de Cristo, deja de ser Cristo porque deja de ser plena. Asimismo, cuando pensamos que podíamos separarnos de la Unidad perfecta, ya no era una Unidad perfecta. Eso es la muerte de Dios. Una vez que creímos que podíamos separarnos, la perfecta Unidad ya no era la realidad. Y como Dios es perfecta Unidad, Dios ya no podía existir, excepto el dios que nosotros mismos fabricamos y al que usamos como sustituto. Así:

(T-18.VIII.7:8) El pequeño aspecto que crees haber aislado no es una excepción.

De modo que si esto es verdad con respecto a mí, también es verdad con respecto a todos los demás. Hasta el mayor villano del mundo sigue teniendo una mente correcta.

(T-18.VIII.8:1) El amor no sabe nada de cuerpos...

Cuando Jesús habla de amor, está hablando de lo que está en la mente correcta, que en realidad es un reflejo del Amor del Cielo. El Amor del Cielo es perfecta Unidad. El reflejo de ese Amor en el sueño es la igualdad. Todos somos lo mismo.

(T-18.VIII.8:1) El amor no sabe nada de cuerpos [y aquí volvemos a ver] **y se extiende a todo lo que ha sido creado como él mismo.**

El amor no sabe de cuerpos. Esta es otra manera de decir que Dios no sabe de ti. El amor no sabe nada de cuerpos porque el amor solo es un pensamiento en la mente. Entonces, ¿cómo sería posible que Dios supiera también de ti? *El amor no sabe de cuerpos, y se extiende a todo lo que ha sido creado como él mismo.* Bien, se extiende a todo pensamiento de amor que está en cada fragmento aparentemente separado de la Filiación. Por eso es tan importante que no justifiques tu enfado.

Esto no es lo mismo que decirte que no te enfades... pero no lo justifiques. Mientras haya alguna mancha de culpa en tu mente, vas a enfadarte porque vas a proyectarla en alguna forma de amor especial o de odio especial. No lo justifiques. No construyas un caso que justifique tu enfado, tanto si estás enfadado con un funcionario público, un líder religioso o alguien de tu mundo personal, familia o amigos, o alguien del trabajo. *Se extiende a todo lo que ha sido creado como él mismo.*

(T-18.VIII.8:2) Su absoluta falta de límites es su significado. [Lo que significa que el amor es ilimitado.] **Es completamente imparcial en su dar, y abarca todo únicamente a fin de conservar y mantener intacto lo que desea dar.**

Es completamente imparcial en su dar. Da a todos de igual manera, *y abarca todo únicamente a fin de conservar y mantener intacto lo que desea dar,* que es el amor. Así que lo importante de esto es no usarlo para sentirse culpable, sino para darse cuenta de que, si quiero ir en serio con este curso, tengo que llevar a todos conmigo, al menos en mi mente. No justifiques tu enfado. No justifiques tus percepciones de ser tratado injustamente. Esto te ahorrará miles de años. Este único paso te ahorrará miles de años, el de no justificar el enfado; no sentir pena de ti mismo por tu infortunio en la vida. Porque si te sientes así, estás diciendo: alguien me ha hecho esto; el mundo me ha hecho esto; las cosas son injustas. El Amor no sabe de cuerpos, como se dice al principio de esta sección.

(T-18.VIII.1:1-7) Estar consciente del cuerpo es lo único que hace que el amor parezca limitado, pues el cuerpo *es* un límite que se impone al amor. La creencia en un amor limitado [que en realidad es amor especial] **fue lo que dio origen al cuerpo, que fue concebido para limitar lo ilimitado** [que sería el espíritu]. **No creas que esto es algo meramente alegórico, pues el cuerpo fue concebido para limitarte *a ti.* ¿Cómo podrías tú, que te ves a ti mismo dentro de un cuerpo, saber que eres una idea? Identificas todo lo que reconoces con cosas externas, como algo fuera de sí mismo. Ni siquiera puedes pensar en Dios sin imaginártelo en un cuerpo o en alguna forma que creas reconocer.**

Basta de cuerpos. Los cuerpos no pueden amar porque fueron fabricados para separar. Los cuerpos fueron fabricados para ser una limitación al amor. ¿Por qué? Porque los cuerpos son entidades separadas. Tenemos a todas estas personas en la sala, y cada persona tiene un principio y un final. El cuerpo hace esto. El cuerpo limita. Y después tenemos todos nuestros pensamientos de ataque y nuestros pensamientos de especialismo que limitan.

De modo que esta es otra manera de entender que no podemos limpiar nuestro jardín y seguir manteniendo que somos cuerpos. No se nos pide que neguemos nuestra experiencia como cuerpos. El Curso dice en el Capítulo 2: negar tu experiencia física es una forma de negación particularmente inútil (T-2.IV.3:11). Pero, al mismo tiempo que no la negamos, no la afirmamos. Y reconocemos que sí, "todavía siento que soy un cuerpo. Esta sigue siendo mi experiencia, pero reconozco que esto es parte del sueño".

Así que finalmente aprendo a sentirme cada vez más cómodo viviendo en este mundo como un cuerpo, porque no me lo tomo en serio al darme cuenta de que no soy este cuerpo. Y todos queremos aprender a amar. Bien, no puedes amar como cuerpo porque los cuerpos siempre separan. Siempre están necesitados, siempre quieren algo, siempre exigen algo. Solo puedes amar verdaderamente como mente, porque no hay limitación. Entonces amas a todos. Y lo que te ayuda a alcanzar ese estado cada vez más rápido es ser bondadoso con todos, y después ser bondadoso contigo mismo cuando reconoces que no estás siendo bondadoso con todos. De esto se está hablando aquí.

(T-18.VIII.8:4) ¡Cuán poco te ofrece tu mísero reino!

Este es el reino del especialismo, donde casi morimos por las pequeñas migajas que pensamos que nos mantienen con vida. Es una imagen muy andrajosa de nosotros mismos la que está dispuesta a conformarse con esto. *¡Cuán poco te ofrece tu mísero reino!*

(T-18.VIII.8:5) ¿No es ahí, entonces, donde deberías pedirle al amor que entre?

Así que nuestro mísero reino es el ego. Y en esta frase Jesús nos dice que llevas el amor ahí. En el caso típico, el proceso del Curso es llevar al ego ante el Espíritu Santo. Llevas la mente errada ante la mente correcta. Aquí es donde necesitamos ayuda. No necesitamos ayuda en la mente correcta. Necesitamos ayuda en la mente errada.

(T-18.VIII.8:6-7) Contempla el desierto —árido y estéril, calcinado y triste— que constituye tu mísero reino. Y reconoce la vida y la alegría que el amor le llevaría procedentes de donde él viene, y adonde quiere retornar contigo.

De modo que Jesús no habla de malas hierbas aquí ni en ningún otro lugar del Curso, pero con la imagen del desierto se refiere a lo mismo. La mente errada, y después el mundo de los cuerpos que procede de ella, es como un desierto. No tiene vida. No tiene agua. No está vivo en ningún sentido. Este es el "mundo árido y polvoriento, al cual criaturas hambrientas y sedientas vienen a morir" (L-pII.13.5:1).

Contempla el desierto [de tu mente] *—árido y estéril, calcinado y triste— que constituye tu mísero reino. Y reconoce la vida y la alegría que el amor le llevaría procedentes de donde él viene, y adonde quiere retornar contigo.* Así que pedimos a Jesús que mire al ego con nosotros, primero en el mundo y después pedimos que esa mirada sea el vehículo que nos permita volver a la mente. Cuanto más podamos hacer esto, más felices y agradecidos estaremos, y más dispuestos a retornar a casa con él. Porque, con el tiempo, nos daremos cuenta de que no queremos aferrarnos al sistema de pensamiento del ego. No quiero quedarme con este mísero concepto de mí mismo. Quiero algo más. Realmente quiero la paz de Dios y nada de lo que he probado en el mundo me la ofrece.

Esto se pone cada vez mejor.

(T-18.VIII.9:1) El pensamiento de Dios rodea tu mísero reino y espera ante la barrera que construiste, deseoso de entrar y de derramar su luz sobre el terreno yermo.

Lo que esto está diciendo es que todo el mundo tiene una mente recta. Así que, en este cuadro (véase Apéndice), no parece que el pensamiento de Dios nos rodee, obviamente este es el terreno yermo. Este es el desierto; este es el jardín lleno de malas hierbas, está aquí mismo. Pero todo el mundo tiene el Pensamiento de Dios, eso es el Espíritu Santo que nos rodea. En el cuadro está aquí, en tu mente correcta. Pero nos rodea por todas partes.

De modo que el Espíritu Santo rodea nuestro "pequeño reino, esperando detrás de la barrera". Esa es la barrera de la culpa. Ese es el doble escudo del olvido que hemos construido. Y así el amor quiere "entrar y derramar su luz sobre el terreno yermo". Tienes que recordarte a ti mismo una y otra vez: "tengo elección". Este es el tema clave en este curso. Tenemos elección. Es posible que no tengamos poder sobre el mundo y es posible que no tengamos poder sobre el cuerpo, pero ciertamente tenemos poder sobre nuestra mente. Podemos mirar de otra manera todo lo que nos rodea. Podemos ver a través de los ojos del amor o podemos ver a través de los ojos de la culpa. Pero todo el mundo tiene al Pensamiento de Dios rodeando su pequeño ego, su pequeño reino.

(T-18.VIII.9:2-3) ¡Mira cómo brota la vida por todas partes! El desierto se convierte en un jardín lleno de verdor, fértil y

plácido, ofreciendo descanso a todos los que se han extraviado y vagan en el polvo.

Lo que esto nos pide es que, a medida que estemos más y más en la mente correcta, ese amor de nuestra mente correcta se extienda hacia fuera, y llame a todos a realizar la misma elección que nosotros; tanto si somos conscientes de ello como si no. Nuestra función no es sanar al mundo. Nuestra función es sanar nuestra mente eligiendo al Sanador. Esto es lo que dice la Lección 137: "Cuando me curo, no soy el único que se cura".

Así que mi propósito no es salir al mundo y predicar el evangelio de *Un curso de milagros*. Recuerda, ahí fuera no hay un mundo al que predicar. Mi único trabajo es aceptar la Expiación para mí mismo. Esa es mi única función. Pero, cuando hago eso, el amor que ahora he elegido se extiende automáticamente hacia fuera y abraza a todos. Esto es lo que se nos está diciendo.

El desierto es nuestra mente. Ahora el desierto *se convierte en un jardín*. Ha sido limpiado de malas hierbas: *lleno de verdor, fértil y plácido, ofreciendo descanso a todos los que se han extraviado y vagan en el polvo.* Justo al final del texto, Jesús habla de todos los que deambulan por el mundo "solos, inseguros y presos del miedo" (T-31.VIII.7:1). Y tu corazón se extenderá a todas esas personas. Así es como funciona esto. Tu corazón se extiende y abraza a todos: los oprimidos y los opresores, los victimarios y las víctimas, los crucificadores y el crucificado. Todo el mundo recibe abrazos.

Esta no es una llamada como la de los evangelios, para que salgamos a predicar a los paganos y bárbaros, y les convirtamos. Esta es una llamada a todos nosotros para que aceptemos las preciosas flores de nuestro jardín, y entonces, automáticamente, la fragancia de esas flores se extenderá y abrazará a todos. Pero tienes que dejarles hacer eso. Y no pueden hacer eso si te enfadas, juzgas o tratas de castigar. Lo que tienes que reconocer es que, cuando haces eso y quieres excluir a alguien del jardín, también te estás excluyendo a ti mismo, porque Cristo es total.

(T-18.VIII.9:4) Ofréceles este lugar de refugio, que el amor preparó para ellos allí donde antes había un desierto.

Así que ofreces descanso a aquellos que se han extraviado y vagan por el polvo. Se nos pide que les demos un lugar de refugio, lo que significa un lugar de refugio en nuestras mentes. Por favor, no confundas esto con algo relacionado con el comportamiento. No se supone que debas de abrir una posada de *Un curso de milagros*, que esperes a los viajeros cansados y agotados, que los arrastres dentro y pongas una copia de *Un curso de milagros* en cada habitación. No se está hablando de eso. Esto no es una versión bíblica de *Un curso de milagros*. Llevas a todos a tu habitación simplemente no condenándolos. La Filiación ya es una.

Cuando el Curso habla de unirse, y lo hace a menudo, en realidad no significa unirse. Significa aceptar la unión que ya está ahí, porque ya estamos unidos. Se nos dice: "Las mentes están unidas; los cuerpos no" (T-18.VI.3:1). Las mentes están unidas. De modo que no tienes que unirte con nadie. No tienes que extender amor a nadie. No tienes que rezar por nadie. Lo único que haces es encontrar la paz en ese centro aquietado. Y en esa paz y en ese amor, todo el mundo está automáticamente contigo, porque todo el mundo ya está contigo. Simplemente retiras las barreras, las anteojeras de tu cara. Recuerda que leímos una sección que dice que la culpa es ciega y cegadora. De modo que simplemente retiramos las anteojeras y, de repente, todo el mundo está con nosotros; no en la forma, sino en nuestra mente.

Sin duda, creo que esta es la parte del Curso más difícil de practicar. Tienes que traer a todo el mundo a tu jardín, *a todos*.

Y si no traes a todos, no hay nadie en tu jardín, incluyéndote a ti mismo. Porque entonces estás diciendo que hay una jerarquía de Hijos, que hay algunas personas que merecen estar en el jardín y otras que no.

Así que, cuando practiques esto y trates de aplicarlo a tu vida, es muy importante que seas consciente de que no puedes excluir a alguien sin juzgarte a ti mismo; sin forzarte a hacer algo que no quieres hacer. Pero sé consciente de lo que estás haciendo, y sé consciente de que, cuando excluyes a alguien, tienes que estar excluyéndote a ti mismo, porque la Filiación es total.

Hay una sección llamada "La totalidad del Reino" (T-7.VII). Esa es la parte más difícil. Creo que esa es la parte del mensaje de Jesús que resultó más difícil hace veintiún siglos, y es también la parte más difícil de su mensaje aquí. Es el mismo mensaje. Todos somos lo mismo. Reconocer que todos somos lo mismo es el medio para llegar al objetivo de recordar nuestra Unidad.

(T-18.VIII.9:3-4) El desierto se convierte en un jardín lleno de verdor, fértil y plácido, ofreciendo descanso a todos los que se han extraviado y vagan en el polvo. Ofréceles este lugar de refugio, que el amor preparó para ellos allí donde antes había un desierto.

Cada persona de este mundo, independientemente de lo que esté haciendo, está llamando a alguien y pidiéndole: muéstrame de algún modo que hay algo más que este desierto que está en mi mente: *este lugar árido y polvoriento al que criaturas hambrientas y sedientas vienen a morir*. Muéstrame que hay algo vivo aquí; hay algo amable, amoroso y dispuesto a perdonar. Esa es la llamada que quieres oír. Y todo el mundo está llamando. Pero si no oyes la llamada que ellos hacen, no oirás la tuya.

(T-18.VIII.9:5) Y todo aquel a quien le des la bienvenida te brindará el amor del Cielo.

Porque, a medida que extiendo amor, a medida que dejo que el amor sanador de Jesús se extienda a través de mí mediante el perdón y el abandono de mis juicios, lo que veo en ti me recuerda que también está en mí, y que somos lo mismo.

(T-18.VIII.9:6-8) Entran de uno en uno en ese santo lugar [porque parece ser que perdonamos a las personas individualmente], **pero no se marchan solos, que fue como vinieron.** [Porque ahora todos somos uno. Cuando nos vamos del jardín, simplemente nos elevamos a la Casa de nuestro Padre]. **El amor que trajeron consigo les acompañará siempre, al igual que a ti. Y bajo su beneficencia, tu pequeño jardín crecerá y acogerá** [¿adivina?, a todos] **a todos los que tienen sed de agua viva, pero están demasiado exhaustos para poder seguir adelante solos.**

En el *Manual para el maestro*, cuando habla de las seis fases del desarrollo de la confianza, la cuarta fase —las tres primeras son negativas, en el sentido de que todas ellas son dolorosas— es aquella en la que nos sentimos en paz. Ahí es cuando creemos que lo hemos conseguido, y nos hemos olvidado de que hay dos fases más. Ahí es cuando Jesús dice: "Todavía no ha llegado tan lejos como cree" (M-4.I.6:10).

En la cuarta fase es cuando crees que este curso realmente funciona y que lo has completado. Porque has aprendido que perdonar es mejor que juzgar. Pero todavía hay un sentido del yo. Yo te perdono. Yo me siento en paz. Este curso es maravilloso; funciona de verdad. Me ha conseguido un trabajo mejor. *Pero no hemos llegado tan lejos como creemos.* Y dice que cuando continuamos, seguimos adelante con poderosos compañeros (M-4.I.6:11). Las personas que vienen de otros sistemas metafísicos, o de sistemas Nueva Era, piensan que estos compañeros poderosos son ángeles, u otras entidades, o ese tipo de cosas. No son nada de eso; estos son los poderosos compañeros:

(T-18.VIII.9:8) Y bajo su beneficencia tu pequeño jardín crecerá y acogerá a todos los que tienen sed de agua viva, pero están demasiado exhaustos para poder seguir adelante solos.

Ya no seguimos adelante solos porque sabemos que todos están con nosotros. Estos son los poderosos compañeros. Estos son los reflejos de todos nuestros pensamientos de la mente correcta. No hay nada elegante y distinguido en este curso. Yo no tengo ningún material metafísico elegante. Sus personajes son básicamente dos. Están Dios y Su Hijo. Y después puedes añadir a Jesús y al Espíritu Santo. Eso es todo.

Así que déjame volver a leer esto, porque es así como deberías pensar. Esto es lo que tu vida debería ser. Cuando vayas a cenar esta noche, esto es lo que deberías pensar. Quieres invitar a todos a tu pequeño jardín, porque eso es lo que te recordará que sí, ciertamente, tienes un pequeño jardín en tu mente. Y tienes un lugar libre de malas hierbas, un centro sereno de amor. Este debería ser tu pensamiento. Ese es el propósito de todos los encuentros que tienes.

Recuerdo un taller, creo que fue hace un mes o dos, y como este es el periodo de presentar la declaración de Hacienda, sigue siendo relevante. Estaba diciendo que cuando vas a ver a tu contable, crees que vas para que te calcule los impuestos. Crees que quieres un contable listo que sepa engañar al gobierno, o ese tipo de cosas: maximizar tus deducciones, engañar un poco aquí, mentir un poco allá. Y todo saldrá bien; es alguien que sabe cómo hacerlo. No es por eso por lo que vas al contable. Vas al contable porque quieres invitarle a tu pequeño jardín. ¿A qué otro lugar querrías ir? A menos que creas que eres un cuerpo. Entonces piensas que eres un cuerpo, y que tienes que cuidar de tus finanzas, y no te estoy diciendo que no vayas al contable o que no presentes la declaración de impuestos, ni nada de eso. Pero siempre hay otro propósito.

El propósito del ego siempre es hacer algo que beneficie al cuerpo. Pero cuando estás en la mente correcta, mientras haces las cosas normales que hacen los cuerpos para sobrevivir en este mundo, te das cuenta de que hay otro propósito. Y ese propósito es invitar a la gente a tu pequeño jardín. Cuando vas en coche con alguien, cuando vayas a cenar esta noche, cuando hagas algo mañana, cuando vueles de vuelta a casa, o conduzcas a casa o te quedes aquí —hagas lo que hagas, con quien quiera que estés—, este es el propósito, exactamente lo que acabo de leerte. "Entran de uno en uno en ese santo lugar".

(T-18.VIII.9:5-7) Y todo aquel a quien le des la bienvenida te brindará el amor del Cielo. Entran de uno en uno en ese santo lugar, pero no se marchan solos, que fue como vinieron. El amor que trajeron consigo les acompañará siempre, al igual que a ti.

De modo que ya no estás solo, porque ahora sabes que tienes el Amor de Dios dentro de ti a través del Espíritu Santo o Jesús. Estás dejando que ese amor se extienda a todos los demás.

(T-18.VIII.9:7-8) El amor que trajeron consigo les acompañará siempre, al igual que a ti. Y bajo su beneficencia tu pequeño jardín crecerá y acogerá a todos los que tienen sed de agua viva, pero están demasiado exhaustos para poder seguir adelante solos.

A partir de este momento, hagas lo que hagas, deberías pensar en esto a lo largo de tu vida: invitar a la gente a tu pequeño jardín. Cuanta más gente invites, lo que en realidad significa a cuanta más gente perdones y dejes de juzgar, más sabrás hasta qué punto eres amado y perdonado.

A medida que hagas esto más y más, a medida que pienses más y más de esta manera, dirás: "¿Cómo he podido vivir sin esto?". Porque esto hace que todo sea significativo. A cualquier encuentro que tenga, a cualquier relación o a cualquier situación llego sin necesidades, sin expectativas, sin exigencias. Solo tengo el pensamiento de que quiero dar la bienvenida a todos a mi pequeño jardín. Así es como sabré que soy bienvenido allí. Pero debo hacer que vengan todos. Todo el mundo camina por esta tierra con sed de agua viva. *Somos criaturas hambrientas y sedientas que vienen aquí a morir* (L-pII.13.5:1). Así que todos tenemos sed del agua viva del perdón o del amor. Todo el mundo quiere saber que ha sido perdonado.

De modo que en esto se traduce la visión de Cristo de la que habla el Curso. Ves a todos a través de la visión de Cristo, lo que significa que ves a todos expresando amor o pidiendo amor. Quiero que todos se sientan bienvenidos. Nadie puede quedar excluido. Todos deambulamos por este mundo inseguros, solitarios, con un miedo constante. Lo que deshace la soledad, el miedo y la incertidumbre o la duda es saber que verdaderamente estamos yendo a casa. Y lo que nos alegra es que llevamos a todos con nosotros. Lo anterior significa que soltamos todos nuestros agravios, todos nuestros odios, todas las pequeñas cosas que tenemos contra otras personas o contra el mundo.

Esto te hará tan feliz, te dará mucha alegría. Porque, pase lo que pase a tu alrededor, te enfocarás en esta actitud. Este será el significado de tu vida. No es lo que haces, no es la gente a la que ayudas, no es tu profesión, no son los libros que puedas escribir o lo que quiera que hagas. *Esto* es lo que lo consigue:

invitar a todos a tu pequeño jardín. Haga lo que haga tu cuerpo con ese amor, eso es lo que hace, y ya no te preocupa. Lo único que te preocupa es dar la bienvenida a todos.

De modo que Jesús dice:

(T-18.VIII.10:1) Sal a su encuentro, pues traen a tu Ser consigo.

Ahora bien, no se refiere a que salgas a encontrarlos literalmente. No pones un anuncio en el periódico que diga: "Pequeño jardín disponible. Venid". Lo que significa es que, en lugar de enviar a los hambrientos perros del miedo, envías a los mensajeros del amor; y esto simplemente significa que eres amoroso y renuncias al juicio. El amor que está en tu mente se extenderá de manera automática hacia fuera. Eso es lo que significa salir a buscarlos. No significa salir a hacer proselitismo o a intentar convertir. Este curso no habla de la conducta en absoluto. Recuerda, es un curso sobre causas, que están en la mente; no sobre efectos, que están en el cuerpo.

(T-18.VIII.10:1-4) Sal a su encuentro, pues traen a tu Ser consigo, y condúcelos dulcemente a tu plácido jardín y recibe allí su bendición. De este modo, tu jardín crecerá y se extenderá a través del desierto, y no dejará fuera ni un solo mísero reino excluido del amor, dejándote a ti dentro. Y tú te reconocerás a ti mismo y verás tu pequeño jardín transformarse dulcemente en el Reino de los Cielos con todo el amor de su Creador resplandeciendo sobre él.

Lo único que te impide hacer esto es tu miedo de que tu mundo sea transformado dulcemente en el Reino de los Cielos. El único amor que querrás será el Amor de Dios. De modo que miras a todos los amores especiales y dices: "ya no los quiero porque solo me han traído dolor. Esto es lo que quiero".

Cuando lees algo así —y este es un conjunto de imágenes particularmente hermosas— quieres quedarte con ello, o con cualquier otra cosa parecida del Curso, y hacer de ello tu principio guía, la luz que guía tu día. De modo que, a partir de entonces, todas las cosas sirven a este propósito. Este curso solo tiene una mano. No puedes tomar la mano de Jesús y la del ego al mismo tiempo. No puedes tomar ambas a la vez. Esto significa que cuando tomas la mano de Jesús solo tienes una mente. Ahora todo se canaliza a través de su visión, que es que cada persona o bien está expresando amor o está pidiendo amor. Todo lo demás es absolutamente insignificante.

Recuerda las primeras lecciones del *Libro de ejercicios*. "Nada de lo que veo en esta habitación tiene significado" (L-pI.1), porque le he dado a todas las cosas todo el significado que tienen para mí. Y cuando doy significado, ciertamente no es amor. El único significado que damos es: ¿Qué es lo que más me ayudará? ¿Qué me dará más placer y minimizará mi dolor? De un modo u otro siempre es algo del cuerpo. Pero cuando damos un paso a un lado, soltamos nuestro significado y nuestro deseo de tener razón, entonces el verdadero significado que está en nuestra mente —el perdón— se extiende a través de nosotros. Y abraza a todos.

(T-18.VIII.10:1-2) Sal a su encuentro, pues traen a tu Ser consigo, y condúcelos dulcemente a tu plácido jardín y recibe allí su bendición.

Así, a medida que los bendigas, ellos te bendecirán a ti. Esto no es un intercambio de palabras, o un intercambio de oraciones, ni nada parecido. Es simplemente la mente: el amor siendo atraído hacia sí mismo, la mente uniéndose a sí misma. Al hacerlo, a medida que practicamos esto cada día, el jardín crece.

(T-18.VIII.10:3) De este modo tu jardín crecerá y se extenderá a través del desierto, y no dejará fuera ni un solo mísero reino excluido del amor...

Los míseros reinos son la mente del ego de cada uno de los fragmentos aparentemente separados de la Filiación. Ese es el pequeño reino que se siente solitario y excluido del amor. Nosotros estamos atrapados dentro de esta prisión, de este sistema de pensamiento de la mente errada. Y el amor nos rodea por todas partes. Hay amor a nuestro alrededor en cada persona a la que conocemos, o hemos conocido, con la que vivimos, con la que trabajamos, de la que oímos hablar, sobre la que leemos o en la que pensamos. Nadie queda fuera.

Una vez más, si cualquier persona queda excluida, no hay nadie dentro del jardín. De modo que hay un contexto que este curso trata de inculcar en nosotros. Es solo uno de las docenas, y docenas, y docenas que hay en el Curso. Es el contexto de cómo deberíamos vivir nuestra vida. Jesús dice: "La única responsabilidad del obrador de milagros es aceptar la Expiación para sí mismo" (T-2.V.5:1). Esta línea se repite de muchas maneras a lo largo de los tres libros y de los anexos. Lo que esta línea nos dice es que lo único que debería preocuparnos es limpiar nuestro jardín, y no las cosas en las que el cuerpo esté involucrado.

Todos tenemos roles y todos tenemos responsabilidades. No hay nada en este curso que diga que deberíamos descartar dichos roles y responsabilidades, y alejarnos de ellos. Básicamente, es justo lo contrario, porque este es el aula de clases que hemos elegido. Pero hemos elegido esos roles para poder entender que la única razón por la que estoy aquí es limpiar de malas hierbas mi jardín: aceptar la Expiación para mí mismo. Se trata de mirar al sistema de pensamiento del ego, lleno de las malas hierbas del pecado, la culpa y el miedo, a este desierto árido y polvoriento, y decir que esto no es quien yo soy. Este es un sustituto muy andrajoso; el Curso se refiere a él en diversos lugares como una parodia o una burla del glorioso Ser, con S mayúscula, que Dios creó. Esto es lo que aceptamos.

Lo que hemos creído que podíamos hacer es tomar esta inmensidad, el amor infinito, este amor que todo lo incluye, y apretarlo en un cilindro al que llamamos cuerpo. Es como si tuvieras un tamaño de tres metros y lo tuvieras que encajar en dos zapatos. No encajará y dolerá. Bien, nosotros hemos tomado este amor y es como que lo hemos metido dentro de esta cosa, de este cilindro al que llamamos cuerpo, y le damos el nombre de amor especial. Creemos que eso es lo que es el amor, porque ahí no hay lugar para mucha gente, solo para ciertas personas especiales. Y la arrogancia es que nosotros creemos que eso es amor. Pensamos que eso es cuidar a otros; pensamos que eso es compasión. Es exactamente lo opuesto. El amor no es amor a menos que abrace a todos.

Antes, durante la semana, hemos hablado de la escena en *Parsifal* en la que Kundry cuenta la historia de cuando estaba en presencia de Jesús, de quien ella se estaba burlando —su ego iba a toda marcha— y él simplemente la miró con ese amor increíble y esa amabilidad. Disolvió completamente su ego. Y ella se volvió loca, de modo que recuperó el ego de inmediato. Bien, eso es lo que todos hacemos. Este curso te vuelve loco.

El amor que se expresa en cada página, la delicada sabiduría que se transmite en cada página desmantela *totalmente* nuestro yo. Quiero decir que no queda nada, porque dice que aquí no hay nada. Ahora bien, lo dice con mucha amabilidad. Habla de que has de transformar el ego con lentitud, has de transformar tu mente con lentitud; no se te está quitando nada. Pero no puedes equivocarte con respecto a lo que se está haciendo y hacia dónde te lleva. Una vez más, es suave, es amable, es bondadoso, es sensible a nuestro temor, pero es implacable en su presentación de la verdad.

Tienes que reconocer: esa es la razón por la que no quiero traer a todos a mi jardín. Porque entonces ya no es *mi* jardín. Entonces es el jardín de Dios. Es el jardín del Espíritu Santo. No es mi jardín. Deberías pensar en esto cada vez que hagas algo. Este es su propósito. La razones externas por las que haces las cosas, por las que vas a ver a un contable, a un médico o a un abogado, o por las que vas a trabajar, o bien tienes una familia de la que cuidar, o amigos, o lo que sea... Eso es secundario. Eso simplemente vendrá. Serás capaz de desempeñar todos tus roles y responsabilidades de manera oficial, amorosa y eficaz, con normalidad. Pero lo importante es el amor y es con él con lo que te identificas.

Te identificas con el amor en tu centro sereno y, a continuación, ese amor informa todo lo que haces, por más ocupado que estés. Siempre se te lleva de vuelta a ese amor, esto es lo que se está diciendo aquí. Pero también se dice algo más. Se te dice que oigas la llamada de petición de ayuda en cada persona. Todo el mundo tiene sed de agua viva, pero están demasiado cansados; están demasiado cansados.

Vivir aquí es muy difícil, especialmente si te lo tomas en serio, especialmente si crees que en verdad estás viviendo aquí. Estás atrapado en este cuerpo, al cual, en un punto, el Curso se refiere como una prisión podrida —y en realidad es así como lo contempla el ego—. Eso es lo que es el cuerpo. Es horrible. Y no hay esperanza. La esperanza reside en que uses tus experiencias aquí como el vehículo para volver a la mente.

(T-18.VIII.11:1) El instante santo es la invitación que le haces al amor para que entre en tu desolado y pesaroso reino y lo transforme en un jardín de paz y de bienvenida.

Esto es el instante santo, el término que emplea el Curso para cuando tu mente tomadora de decisiones mira al ego y dice: ya no quiero esto. En ese momento, estás automáticamente en tu mente correcta. Estar en tu mente correcta significa estar en tu mente errada y perdonarla, y no juzgarla. No lo llamas pecado; no lo invistes de culpa y no tienes miedo de él. Y ciertamente no lo justificas. En ese momento, estás en tu mente correcta. Eso es el instante santo.

Como hemos venido comentando esta semana, vas al instante santo y sientes miedo del amor, del perdón y rápidamente vuelves a recuperar el instante no santo; esto es lo que hacemos todos. Vamos de un lado a otro, vamos y venimos.

(T-18.VIII.11:1-3) El instante santo es la invitación que le haces al amor para que entre en tu desolado y pesaroso reino y lo transforme en un jardín de paz y de bienvenida. La respuesta del amor no se hace esperar. Llegará porque viniste sin el cuerpo y no interpusiste barrera alguna que pudiera obstaculizar su feliz llegada.

El amor "llegará porque viniste sin el cuerpo y no interpusiste barrera alguna que pudiera obstaculizar su feliz llegada". Las barreras son nuestras malas hierbas. Son nuestros juicios, nuestros ataques, a los que el Curso se refiere en un lugar como "nuestros pecados secretos y odios ocultos".

¿Qué significa venir "sin el cuerpo"? No significa que niegues que tienes un cuerpo. Simplemente significa que niegas los usos que el ego le da al cuerpo. Recuerda cuando antes cité la línea: "No hay ni un solo instante —refiriéndose al instante santo— en el que el cuerpo exista en absoluto" (T-18.VII.3:1). En ese instante santo no hay creencia en la separación. De modo que el amor al que ahora estás abierto, al que ahora has dado la bienvenida, se extenderá a través de ti, y ahora tu cuerpo será el medio para comunicar el amor que está en tu mente. Tu cuerpo usará todos los símbolos del mundo, tal como Jesús hace en este curso, pero con otro propósito. De modo que hablas a la persona que ha pedido ayuda en su mismo idioma. Así:

(T-18.VIII.11:3-4) [El Amor] **Llegará porque viniste sin el cuerpo y no interpusiste barrera alguna que pudiera obstaculizar su feliz llegada. En el instante santo, le pides al amor únicamente lo que él ofrece a todos: ni más ni menos.**

De modo que en el instante santo, "le pides al amor... lo que él ofrece a todos", que es el perdón. Estas son las palabras más maravillosas que alguien puede oír en este mundo. Tus pecados están perdonados. Lo que pensabas que habías hecho, lo que pensabas que era tan enorme, tan odioso, tan imperdonable, no tuvo efecto. Todo el mundo tiene sed de esto, todo el mundo lo anhela. Porque detrás de cada aspecto del perdón con el que nos identificamos aquí, se alza el perdón último de lo que pensamos que Le hicimos a Dios. No tienes que entrar en contacto con eso, pero esa es la base o fundamento. Ese es tu propósito para hacerlo todo, por más ocupado que estés: es dar la bienvenida a la gente en tu reino de perdón, para que puedas saber que eres perdonado. Pero no puedes hacer eso si estás jugando con las reglas del cuerpo. ¿Cuáles son las reglas del cuerpo? Juicio, ataque, amor especial, odio especial, etc. En el instante santo, todo esto desaparece; todos los propósitos del ego desaparecen.

El único propósito que queda es el de saber que eres perdonado y das a todos este mismo mensaje simplemente mediante el amor que eres. Al principio es un verdadero reto que requiere mucho trabajo: hacer cosas en el mundo que hemos hecho durante mucho tiempo y con las que nos sentimos muy cómodos, o cosas, por ejemplo, que nos ponen ansiosos, y darnos cuenta de que eso no es lo que está pasando. De modo que estoy sentado en una reunión de trabajo. Es una reunión tensa. Y lo que me ayudará a navegar esa reunión y ser una parte eficaz de la curación de lo que esté pasando es darme cuenta de que no estoy en la reunión por los asuntos comerciales que se están tratando. Estoy en la reunión para dar la bienvenida a la gente a mi pequeño jardín, simplemente por mi ausencia de defensas, por mi presencia calmada, pacífica y amorosa, incluso si la gente está chillando y gritando, y hay mucha tensión.

Esto es verdad tanto si vas al consultorio del médico como al despacho del abogado, a cualquier oficina profesional o a cualquier parte. Nunca estás allí por la razón que crees. Esto requiere mucho trabajo porque el mundo te pasa rápidamente por encima, como una gran ola en el mar. Y a continuación te das cuenta de que la ola te ha arrastrado a la orilla, porque el mundo es un testigo muy potente de la separación. Pero por eso fabricamos el mundo, para que hiciera eso. De modo que esto nos está ofreciendo una manera alternativa de mirar. Así:

(T-18.VIII.11:4-5) En el instante santo, le pides al amor únicamente lo que él ofrece a todos... [no a algunos, a todos]**. Y al pedirlo todo, recibirás todo.**

Porque nosotros lo somos todo y no estamos pidiendo nada. Lo que en realidad estamos pidiendo es recordar que, en nuestro Ser, lo somos todo. En "Las lecciones del Espíritu Santo" (T-6.V), al final del Capítulo 6, Jesús dice que tener y ser son lo mismo. Tienes el amor de Dios porque tú eres el Amor de Dios. Eres el Amor de Dios porque tienes el Amor de Dios. *Tener y ser* son lo mismo. Así que no estás pidiendo nada externo. Estás pidiendo a tu Ser que retire las barreras para que puedas recordar el amor que eres.

(T-18.VIII.11:6) Y tu radiante Ser elevará el ínfimo aspecto que trataste de ocultar del Cielo directamente hasta este.

El pequeño aspecto que tratamos de ocultar del Cielo es esta pequeña astilla de un pensamiento demente que creemos que es nosotros. Esto es el ego. Junto a la inmensidad de Dios, a la infinitud del Cielo, sostenemos esta pequeña astilla de nada, esta pequeña idea loca en la forma, y creemos que eso es lo que somos. Y a continuación fabricamos un cosmos gigantesco que se supone que nos va a impresionar a nosotros mismos y a otras personas, e incluso a Dios. Y eso es todo lo que es: es una proyección de nada. Es como el Mago de Oz, un hombrecillo manso situado detrás de un gran sistema de amplificación. Más adelante, en el texto, hay una sección llamada "La debilidad y la indefensión" (T-22.V), donde Jesús equipara al ego con un ratón que ruge al universo, con disculpas a Peter Sellers (T-22.V.4:3,7,9). Dice: "simplemente imagínate un ratón en un rincón de este enorme cosmos gritando a pleno pulmón. Nadie le oye".

De hecho, la primera parte de esta sección, de la que no vamos a hablar ahora, menciona una ola del océano y un rayo del sol y dice que esta ola es imperceptible. No es nada, pero la ola cree que es el océano (T-18.VIII.3:3-4). Dice que el océano no tiene ni idea de la ola, que es otra manera de decir que Dios no sabe nada de las cosas de aquí, del mundo. Nosotros creemos que somos muy importantes.

Escribimos la Biblia para hacer del *homo sapiens* el clímax y la consumación de la creación. El dios bíblico da al ser humano dominio sobre todas las cosas, sobre todos los animales. Pensamos que somos geniales. No somos nada. En otras ocasiones he mencionado a Marción de Sinope, que fue un gran maestro gnóstico del siglo II. Se refería al cuerpo como esta célula enclenque en la mente de su creador, refiriéndose al ego. Nosotros somos simplemente una nada enclenque, y pensamos que somos magníficos. Somos el clímax de la creación; somos el pico de la perfección de todas las cosas. Y también somos los que hemos escrito el libro que dice eso.

Sin embargo, no somos nada al lado de la inmensidad de Dios. Solo somos una pequeña hierba que crece en este glorioso jardín. Pero lo único que vemos es la hierba, y pensamos que ella lo es todo. Y todo el mundo camina por este mundo pensando eso. De modo que lo que tenemos que hacer es llevar a todos con nosotros.

(T-18.VIII.11:7-8) Ninguna parte del amor puede invocar a lo que es todo en vano. Ningún Hijo de Dios puede ser excluido de Su Paternidad.

Ningún Hijo de Dios queda fuera de su Paternidad. Piensa en lo que esto significa. Piensa en las personas que deseas excluir. Escucha los programas de noticias. Piensa en las personas a las que deseas excluir.

En el siglo III hubo un gran filósofo cristiano llamado Orígenes. Como he dicho muchas otras veces, hay un motivo por el que no es santo Orígenes, aunque era un maestro brillante. Una de las cosas que enseñó, y es por la que no es santo, es que todas las personas, hasta la última, vuelven a casa. ¿Y adivina qué? Hasta el diablo vuelve. *Todo el mundo* vuelve a casa. Seguimos volviendo una y otra vez hasta conseguirlo. *Ningún Hijo de Dios puede ser excluido de Su Paternidad.*

(T-18.VIII.12:1) Puedes estar seguro de esto: el amor ha entrado a formar parte de tu relación especial, y ha entrado de lleno en respuesta a tu vacilante solicitud.

No tiene que ser una solicitud muy decidida; solo un poco de buena disposición, solo un pequeño susurro, un gesto a

Dios que diga: "¡Ayuda!, no me gusta cómo me estoy sintiendo en esta relación. No me gusta cómo me estoy sintiendo en mi vida. Debe haber otra manera". Solo tienes que susurrarlo. Un pequeño gesto es todo lo que se necesita.

(T-18.VIII.12:2) No te has dado cuenta de que ha llegado porque aún no has levantado todas las barreras que construiste contra tu hermano.

Así va a ser el resto de esta sección. Tienes que soltar todas las barreras, todos los bloqueos, todos los agravios, todas las faltas de perdón.

(T-18.VIII.12:3-4) Y ninguno de vosotros será capaz de darle la bienvenida al amor por separado. Es tan imposible que puedas conocer a Dios solo como que Él pueda conocerte a ti sin tu hermano.

Con esto no se refiere a la forma. La persona con la que tienes problemas y que tiene problemas contigo... No es que ambos tengáis que hacer esto juntos, porque eso os haría dependientes de algo externo a vosotros. Lo que significa es que en tu mente, *en tu mente,* no puedes entrar en el jardín sin él o ella. Que esa persona elija aceptar tu perdón y tu amor no debe preocuparte. En algún lugar de la mente de esa persona quedará lo que has hecho. Y en cuanto a *cuando* decida aceptarlo, eso podría estar en cualquier punto del holograma del tiempo. Pero tú has hecho tu parte. No significa que la otra persona tenga que aceptar tu ofrenda. Eso te haría depender de las elecciones de otro. Lo que esto significa es que en tu mente sabes:

(T-18.VIII.12:3-4) Y ninguno de vosotros será capaz de darle la bienvenida al amor por separado. Es tan imposible que

puedas conocer a Dios solo como que Él pueda conocerte a ti sin tu hermano.

Porque Dios solo conoce la Unidad. En este mundo de ilusión, la Unidad se traduce como igualdad.

(T-18.VIII.12:5) Mas juntos [tú y tu hermano, tú y tu relación especial] **no podríais dejar de ser conscientes del amor, del mismo modo en que el amor no podría no conoceros ni dejar de reconocerse a sí mismo en vosotros.**

Mas juntos no podríais dejar de ser conscientes del amor, del mismo modo en que el amor no podría no conoceros ni dejar de reconocerse a sí mismo en vosotros. En el capítulo siguiente, en el cuarto obstáculo para la paz, en "El descorrimiento del velo", se dice que "juntos alzaréis la mirada con fe o no la alzaréis en absoluto" (T-19.IV.D.12:8). Esto significa que, en cuanto a la persona contra la que tienes un resentimiento, tienes que soltar dicho resentimiento de modo que en tu mente esa persona y tú seáis lo mismo.

Hay un pasaje anterior en el que se dice: Cristo está en el altar de Dios esperando recibir a su Hijo, pero ven sin ninguna condenación (T-11.IV.6:1-2). Ven sin ninguna condenación; de otro modo, creerás que la puerta está cerrada. Cristo, que es nuestro verdadero Ser, está en el altar de Dios esperando para recibirte. A *ti,* refiriéndose al tú que cree estar separado. Pero no puedes venir al altar con condenación porque, si lo haces, creerás que no se te permitirá entrar, porque tus pensamientos de ataque reforzarán tu culpa, como hemos comentado a lo largo de la semana: el ciclo de culpa/ataque.

La manera de entrar en el jardín, la manera de eliminar las malas hierbas es mirar con amabilidad a quien se presente ante tu vista; a quienquiera que se presente en tus pensamientos. Esto no es pedir mucho. Simplemente lo haces a cada instante de cada día. Te enfadas con un extraño, te enfadas con alguien que tiene una relación íntima contigo; no hay ninguna diferencia. En ese momento, puedes elegir entre la salvación y la condenación. La salvación del ego es que llegas al Cielo a costa de alguien. Eso es lo que has de mirar y entonces dices: eso no es lo que quiero.

Leeré el párrafo de cierre como una meditación. Y, a continuación, terminamos. El punto que se reitera aquí es que no podemos entrar en este jardín solos. Habla del final de un viaje ancestral, y podemos pensar en estos cinco días como en un viaje. Lo que quieres llevarte contigo es la idea de que quiero mirar a todas las circunstancias en las que me encuentro, a todas las relaciones en las que estoy, a cada situación a través de estos ojos. El único propósito de cualquier cosa que esté haciendo ahora mismo es dar la bienvenida y decir a las personas específicas: sois bienvenidas en mi pequeño jardín, que es el pequeño jardín del perdón y del amor. Hago esto no solo para ti; lo hago porque es esto lo que me sanará.

Este es el final de “El pequeño jardín”, párrafo 13.

(T-18.VIII.13:1-8) Has llegado al final de una jornada ancestral, pero aún no te has dado cuenta de que ya concluyó. Todavía estás exhausto, y el polvo del desierto aún parece empañar tus ojos y cegarte. Pero Aquel a Quien le diste la bienvenida ha venido y quiere darte la bienvenida a ti. Ha estado esperando mucho tiempo para hacer eso. Recíbela de Él ahora, pues Su Voluntad es que Lo conozcas. Solo un pequeño muro de polvo se interpone todavía entre tu hermano y tú. Sóplalo con ligereza, riendo felizmente, y desaparecerá. Y entrad en el jardín que el amor ha preparado para vosotros.

CUADRO METAFÍSICO

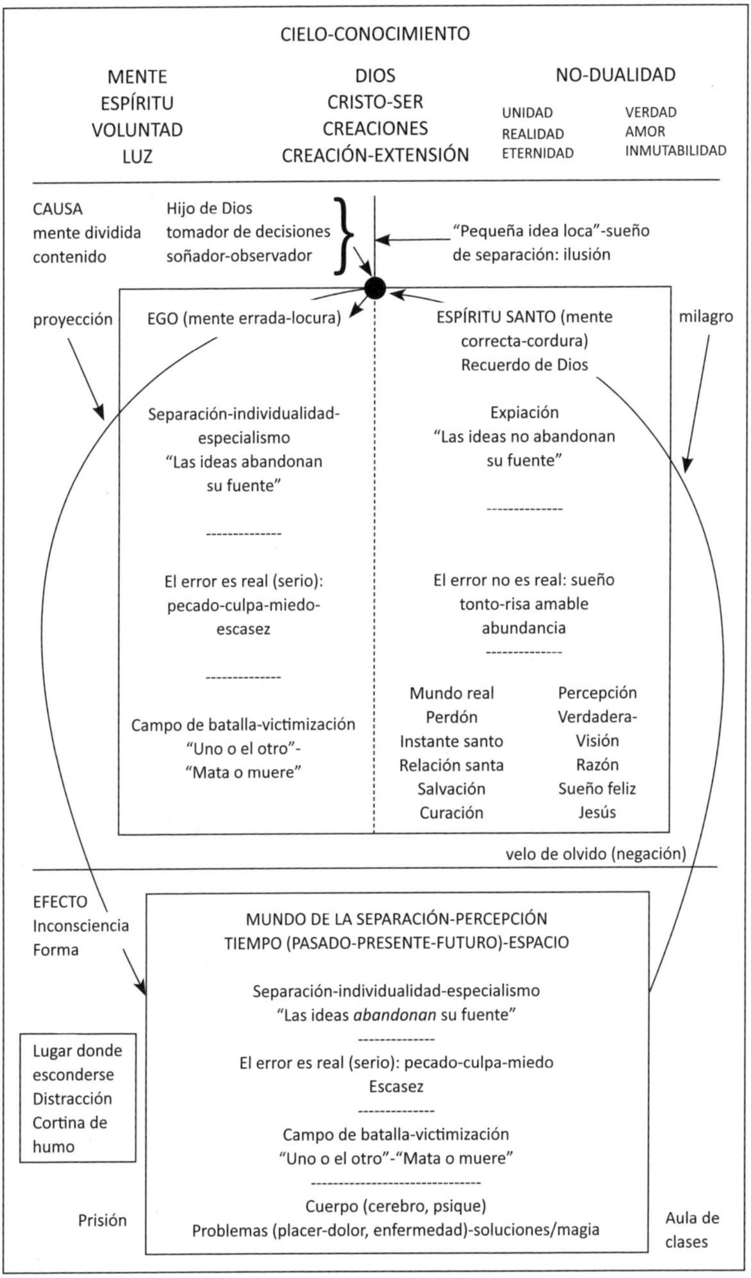